AF254494

Marketing de redes sociales

Los secretos de la marca personal para hacer crecer su empresa y convertirse en influencer usando YouTube, Facebook, Instagram, Blogging para SEO, Twitter y Publicidad

Índice de contenido

Introducción

Las redes sociales son un ecosistema de rápido crecimiento que se ha desarrollado como una fuerte plataforma para que las pequeñas empresas y los influencers hagan su impacto en el mundo. Gracias a las redes sociales, las personas que una vez estuvieron atrapadas trabajando para las corporaciones u otros dueños de negocios ahora tienen la oportunidad de elegir entrar en el negocio por sí mismos. Hay muchas razones por las que alguien podría querer entrar en el negocio por sí mismo, que van desde desarrollar un ingreso secundario para apoyar su estilo de vida hasta convertirse en nómadas digitales completos. Independientemente de lo que le haya atraído a la construcción de una presencia en línea, involucrarse en el marketing de redes sociales es una manera poderosa de aprovechar Internet para ayudarle a construir un negocio exitoso.

En el *Marketing de Redes Sociales*, ¡usted va a descubrir cómo puede labrar su camino único en el espacio en línea y convertirlo en su sistema de marketing para que pueda desarrollar su negocio en línea! Es importante que a medida que usted lea este libro, lo siga para asegurarse de que está desarrollando una base bien diseñada para que usted mismo crezca. Cuanto usted sea más consistente con la forma en que desarrolla su marca y se comercializa a usted mismo desde el primer día, más lejos va a llegar en el espacio en línea.

Como usted aprenderá a lo largo de este libro, la consistencia es la clave. Además de la consistencia, usted necesita tener la singularidad o algo que lo distinga del resto de las personas que están tratando de generar el mismo zumbido que usted. A medida que aplique su consistencia y singularidad a su negocio y estrategias de mercadeo, descubrirá que desarrollar su nombre en el espacio en línea no es tan desafiante como puede parecer. De hecho, ¡crear un camino claro y usar ese camino para generar éxito puede ser extremadamente fácil!

Si usted está listo para identificar su visión, labrar su marca única y comercializarse en línea para que pueda obtener un ingreso adicional o convertirse en un nómada digital completo, ¡ahora es el momento! ¡Disfrute de la lectura de este libro, y tómese su tiempo para que pueda desarrollar una verdadera consistencia para usted y su marca!

Capítulo 1: Creando su visión

Antes de que usted pueda empezar a crear cualquier cosa, no importa lo que sea, usted necesita tener una visión de lo que se está proponiendo crear. Para ayudarlo a tener realmente claro qué es lo que usted quiere desarrollar en el espacio en línea, y cómo quiere que se vea su legado, vamos a descubrir cómo puede crear y aclarar su visión para su marca en línea. Crear una visión se trata de soñar sin límites, permitirse pensar en grande, y luego afinar su idea para que sirva a lo que desea obtener de la vida. La mejor parte de crear su visión para su negocio es que no se requiere que usted sueñe en pequeño de ninguna manera. Usted puede soñar con una visión tan grande como desee, y no hay nada que diga que usted no puede hacer que esa visión se haga realidad, siempre y cuando usted está dispuesto a hacer el trabajo para llegar allí. En este capítulo, usted desarrollará una visión que no solo le dará algo por lo que trabajar, sino que también despertará la emoción en usted para que esté ansioso por levantarse y trabajar hacia su visión todos los días.

Lo primero es lo primero: ¿Qué es una marca personal?

Una marca personal es una forma de marca que se desarrolla alrededor de un solo individuo. Cuando alguien decide hacer una marca personal, toma su nombre o su alias y lo convierte en su "marca". En otras palabras, esto es por quién y por qué se le conoce.

Por ejemplo, Oprah es una mujer, pero también es una marca personal, ya que cada vez que usted piensa en Oprah, probablemente piensa en un programa de entrevistas por la tarde, una revista y una oradora inspiradora y motivadora. Desarrollar una marca personal esencialmente requiere que usted decida que quiere entrar en el negocio por usted mismo y que quiere ser el negocio. Usted va a ser la cara de la empresa, el individuo que proporciona los servicios que usted puede proporcionar, y la mercancía que se está comercializando.

La marca personal requiere que usted sepa qué es lo que está creando, y qué es lo que está ofreciendo a su público. Hay muchos tipos de marcas personales que existen, y más adelante en este mismo capítulo, usted va a descubrir qué es lo que quiere crear para su marca personal. Mientras tanto, para darle una idea de lo que está disponible para usted, usted podría considerar la marca personal como cualquier cosa desde un influencer a un entrenador o incluso un artista. Esencialmente, cualquier habilidad que usted tiene que quiere ofrecer a su público puede convertirse en su oferta, y usted se convierte en la marca o la entidad asociada con la oferta que tiene disponible. Al hacer esto, usted se da a conocer por sus creaciones, y se da a sí mismo la plataforma perfecta para vender sus creaciones o servicios a un público bien curado de personas que están realmente interesadas en lo que usted tiene para ofrecer.

Desafíos comunes que la gente enfrenta con las marcas personales

Las marcas personales son uno de los estilos más fascinantes de marcas a desarrollar, y también pueden ser uno de los tipos de marcas más desafiantes a desarrollar. Las marcas personales pueden ser más desafiantes porque están completamente construidas sobre usted como persona, lo que significa que se va a convertir en una imagen pública y se va a promocionar. La mayoría de la gente encuentra esto como un reto por dos razones: primero, cambia la forma en que funciona su privacidad, y segundo es que requiere que usted crezca como persona. En cuanto a la privacidad, desarrollar una marca personal requerirá que usted esté dispuesto a compartirse con el mundo. Aunque todavía pueda mantener partes de su vida en privado, ciertas cosas inevitablemente necesitarán ser compartidas para que pueda desarrollar una imagen que sea lo suficientemente interesante para que la gente la siga. Es importante que usted tenga muy claro desde el primer día qué es lo que está dispuesto a compartir, y qué partes de su vida quiere mantener en privado para abstenerse de ser demasiado abierto con su público.

Muchas marcas personales nuevas pueden sentir que es una idea divertida compartir todo con su público, pero no se dan cuenta de que esto puede venir con muchos retrocesos. Las personas que comparten demasiado se abren de muchas maneras vulnerables, lo que puede llevar a muchos problemas si tiene algo personal sucediendo en su vida. Si alguna vez descubre que tiene algo que quiere guardar para sí mismo, mantenerlo en privado será más difícil si su público está acostumbrado a que le dé todo el tiempo. Por esa razón, es imperativo que una marca personal sepa exactamente quienes son y lo que no están dispuestos a compartir con su público. Esta pequeña y sencilla herramienta para decidir qué será público y qué será privado puede ayudarle a evitar muchos problemas y frustraciones más adelante. También le ayudará a proporcionar una imagen más limpia y enfocada a su público cuando comparta en línea.

La segunda dificultad a la que se enfrentan algunas personas es cuánto crecimiento se les puede exigir cuando son una marca personal. La gente a menudo no es consciente de cuánta energía y esfuerzo puede tomar el presentarse ante su público todos los días y proveer partes de su ser personal al mundo para que su marca pueda continuar desarrollándose. Usted tendrá que aprender a manejar sus emociones, equilibrar su vida para poder ofrecer partes de usted mismo a su público sin agotarse, y cómo mantenerse en un estado de crecimiento saludable para que su crecimiento realmente lo beneficie a largo plazo. Este desafío puede superarse fácilmente si usted se compromete a mantener la curiosidad sobre cómo puede seguir creciendo mientras elija estar en el negocio como una marca personal.

Estas dos dificultades comunes a las que se enfrentan las personas cuando empiezan a crear su propia marca personal pueden superarse con la conciencia de su existencia y la voluntad de crecer más allá de ellas. Siempre y cuando usted sea consciente de cómo pueden surgir en su vida, siempre puede desarrollar una marca personal que será increíblemente fuerte. Simplemente esté dispuesto a identificar cómo puede seguir fortaleciéndola y reforzándola, y estará desarrollando una marca que le sirva, y que siga creciendo con el tiempo.

Identificar cuál es su marca personal

Ahora que usted tiene una idea de lo que es una marca personal y cómo puede desarrollar una que permanezca sostenible, ¡es hora de que empiece a identificar cuál es su marca personal! Para esta sección, no nos vamos a centrar tanto en su persona como en su nicho real. Antes de que usted pueda decidir quién va a ser para su público, tiene que decidir qué es lo que está ofreciendo a su público y cómo puede ofrecerlo de una manera que se ajuste a sus necesidades. El desarrollo de su nicho se realiza en tres fases: decidir en qué industria quiere estar, elegir una parte de esa industria en la que quiere encajar, y luego decidir a quién se dirige con su marca.

Decidir de qué industria usted va a formar parte debe ser relativamente simple, lo más probable es que usted ya tenga una fuerte idea de lo que quiere hacer. Es posible que usted haya estado observando otras marcas personales o influencers en el espacio en línea durante algún tiempo, lo cual puede ser la razón por la cual se da cuenta de que esta opción también está disponible para usted. Si este es el caso, apéguese a la primera industria que le venga a la mente cuando lea esto, ya que puede garantizar bastante bien que esta será la mejor industria de la que usted formará parte. Es probable que sea la que más le apasione y que se divierta más desarrollando esta industria, así que lo ideal es que sea la industria con la que debería trabajar. Si usted tiene alguna duda en torno a esta industria, como si tiene o no suficientes habilidades para ello o si está lo suficientemente calificado para ser parte de ella, considere el hecho de que las habilidades pueden ser fácilmente desarrolladas con el tiempo. La clave aquí es elegir una industria por la que usted va a ser capaz de seguir siendo apasionado durante mucho tiempo para desarrollar una marca sostenible, no solo en general, sino para usted como persona.

Si aún usted no está seguro de la industria de la que quiere formar parte, o si no puede decidir entre unas pocas industrias de interés, hay unas cuantas maneras diferentes de decidir. Elegir una industria se reduce a tres cosas: lo que le interesa, lo que encaja con su estilo de vida y lo que le ofrece el futuro que desea. Usted quiere elegir una industria que va a despertar su interés para que pueda seguir enfocado en ella y continuar desarrollándose en ella. Las personas que forman parte de industrias que no les interesan, o en las que no tienen un gran interés, a menudo se encuentran aburridas y desinteresadas de seguir sus negocios porque no les importa realmente lo que están haciendo. Es necesario elegir una industria que haga que usted se anime a levantarse y trabajar todas las mañanas; de lo contrario, no va a querer hacer ningún trabajo en absoluto.

También usted necesita elegir una industria que se ajuste a su estilo de vida para que le sea fácil incorporar el trabajo en lo que ya está haciendo. Especialmente al principio, ser capaz de ser parte de una industria que es relevante para su vida, es esencial para que pueda trabajar en su horario actual. Luego, con el tiempo, esta parte de su vida puede crecer a medida que pueda generar ingresos más consistentes a través de su marca personal para que pueda comenzar a alejarse de cualquier otra obligación profesional que no le guste tanto. Por lo tanto, si naturalmente usted está muy ocupado y no se siente particularmente atraído por pasar tiempo en el gimnasio o por cocinar alimentos saludables, comenzar su carrera como entrenador de fitness o gurú de la salud solo porque es una industria popular no es lo ideal. Si en medio de su ocupado estilo de vida encuentra la alegría de aprender a vestirse a la moda y a verse bien incluso en un momento de crisis, entonces tal vez el lanzamiento de un blog de moda sería ideal para usted. Esencialmente, usted necesita algo que vaya a encajar en su estilo de vida.

Por último, usted quiere ser parte de una industria que le ofrecerá el futuro que desea para que tenga algo divertido en lo que trabajar. Piense en lo que realmente quiere para usted y su vida, y luego empiece a definir qué tipo de industria encajaría en eso. Por ejemplo, tal vez usted quiera un estilo de vida orientado al crecimiento rápido donde pueda tomar medidas regularmente para el desarrollo personal. En ese caso, puede que le guste más ser un comercializador o un entrenador de vida que ser un probador de productos, ya que el mundo de la comercialización es más acelerado y está más orientado al crecimiento, mientras que las pruebas de productos siempre serán relativamente las mismas. Si le gusta más la rutina y hacer las cosas de la misma manera, entonces puede que prefiera convertirse en alguien que desarrolla vídeos de tutoriales o reseñas de vídeos para su industria, en lugar de alguien que siempre está viajando por el mundo ofreciendo reseñas de varios lugares exóticos. Descubrir qué es lo que funciona con su visión más amplia es un paso importante para asegurar que su negocio realmente se ajusta a su visión general.

Aclarando el enfoque de su marca personal

Una vez que usted ha identificado lo que será su industria, es hora de que empiece a tener más claro en qué se va a centrar. Aquí, usted quiere enfocar con láser tanto como sea posible para asegurarse de que tiene una intención muy clara de lo que está ofreciendo a su público. Usted quiere tener claro no solo en *qué* área está sirviendo, sino *cómo* a la hora de aclarar el enfoque de su marca personal.

El primer paso aquí es elegir un segmento de su nicho que quiera servir para que sepa qué es lo que está ofreciendo a su público. Por ejemplo, digamos que usted quiere entrar en la industria del maquillaje, tal vez por ser un influencer de la belleza. Su siguiente paso, entonces, sería identificar qué servicios de maquillaje usted está ofreciendo a su público para que pueda ofrecer algo claro y coherente. Tal vez usted quiera ofrecer tutoriales con productos de belleza de farmacias para los amantes del maquillaje bajo un presupuesto, o revisiones de productos de maquillaje de alta gama para aquellos que compran marcas de lujo como Tom Ford y maquillaje Chanel. Alternativamente, tal vez desee ofrecer tutoriales de maquillaje para hombres, o incluso tutoriales de maquillaje de vestuario. Usted debe decidir qué área específica desea atender para saber qué enfoque debe tomar en su negocio.

Para ayudarle a tener claro lo que su marca ofrece, considere cómo es que usted quiere ofrecer sus servicios y a quién quiere ofrecérselos. Aclare a qué público espera servir, y comience a pensar en qué formas podría servirles que encajen con la visión que desea crear. Mientras más claridad usted tenga en torno a esto, más fácil será para usted decidir dónde va a encajar en su industria. Escoger esta área específica de su industria se llama escoger un "nicho", o un segmento especializado de su industria.

La elección de un nicho es importante, ya que le permite desarrollar una imagen de marca muy específica, o Brand persona, que va a hablar directamente a su público de nicho. En marketing, decimos "Si no se está hablando con alguien específico, no se está hablando con nadie". Esencialmente, esto significa que hay tanta gente que está tratando de servir a su industria que, si es demasiado amplio, se va a perder en el ruido. La gente no sabrá si usted está hablando con ellos personalmente o no, así que irán a buscar a alguien más que sea más claro con su mensaje e intenciones, dejándole a usted luchando para ganar cualquier tracción en primer lugar. A medida que usted desarrolla una comprensión de cuál es su nicho, se da la oportunidad de tener claro con quién está hablando y desarrollar una imagen o una persona que va a ayudar a su público a relacionarse con usted. De esta manera, su público sabrá interactuar con usted, y comenzarán a verlo como la persona a quien acudir en su industria para obtener las herramientas, servicios, productos o apoyo específicos que necesitan en base a lo que usted tiene para ofrecer.

Si usted no está seguro de qué nichos específicos existen en su industria, no tema hacer una búsqueda en Internet de nichos que sean relevantes para su industria. Obtener información de personas que ya están en la industria es una gran oportunidad para que usted identifique qué áreas de oportunidad existen y cómo puede encajar en esas áreas.

Algunos ejemplos de nichos incluyen:

- Un blog sobre zapatillas de deporte
- Productos reutilizables ecológicos (pajitas, vasos, bolsas, etc.)
- Tutoriales de maquillaje para productos de farmacia
- Un blog de diseñadores sobre muebles hechos localmente
- Un canal de revisión de productos para gadgets tecnológicos
- Blog de crítica de libros de ficción para jóvenes adultos
- Blog de reseñas de moda asequibles

Como puede ver, cada uno de estos nichos de mercado tiene un público muy claro que se vería atraída por ellos en base a lo que tienen que ofrecer. Cuanto más usted puede centrarse en lo que específicamente va a ofrecer, y a quién, más fácil es para usted crear su persona específica. No tema ser muy específico, ya que esta es la mejor oportunidad para desarrollar un mensaje que va a hablar directamente a su público.

Cuando usted elige su nicho de mercado, hay algunas cosas a las que debe prestar atención. Es importante evitar elegir un nicho demasiado específico, o uno que no sea lo suficientemente interesante para la gente, ya que esto puede llevarlo a intentar desarrollar un negocio en un espacio muy limitado. Intentar servir a un nicho que no existe, o donde no hay ya un público sano, puede ser particularmente difícil. En su lugar, mire los nichos existentes que están prosperando y escoja un nicho que sea claro y específico y que a la vez sea lo suficientemente grande para que usted se desarrolle. Esto asegura que su longevidad permanecerá protegida mientras desarrolla su negocio.

Otra cosa a la que usted debe prestar atención es la longevidad de su nicho, más allá del tamaño del mismo. Considere críticamente cuánto tiempo es probable que su nicho esté disponible y si podría o no hacer una transición sin problemas a un nuevo nicho, en caso de que surgiera la necesidad. Esto es algo importante que debe tener en cuenta, ya que usted está tratando de desarrollar un negocio y quiere asegurarse de que el negocio que desarrolle para usted mismo tenga la capacidad de seguir creciendo con el tiempo; de lo contrario, puede encontrarse desarrollando un negocio fuerte que se queme en unos pocos años cuando su nicho termine perdiendo tracción y se desmorone.

Identificar su público objetivo

Mientras usted estaba identificando su nicho, ya estaba empezando a tener una idea de quién podría ser su público objetivo. Por ejemplo, si usted eligió convertirse en un bloguero de moda para ropa deportiva, ya tiene una idea bastante buena del hecho de que los miembros de su público van a tener un interés en los deportes. Sin embargo, también hay que tener en cuenta el hecho de que su público va a necesitar ser más específico que simplemente tener una cosa en común si se quiere llegar a ellos y hacer crecer su negocio de manera eficaz.

Cuando se define el público, se quiere definir un "personaje" o individuo específico que es probable que se sienta atraído por su negocio. Tenga muy claro quiénes son, de qué grupo demográfico forman parte, por qué están interesados en su negocio, y qué tiene usted que ofrecerles que nadie más lo hace. Tendrá la oportunidad de identificar sus puntos de venta únicos en el Capítulo 2, pero por ahora, céntrese en aclarar por qué su público es único para usted. Cuanto más claro esté usted sobre quién es su público, más claro podrá entender cómo puede servirle, ya que podrá generar una mejor idea de qué es lo que realmente le interesa. Por lo tanto, al definir quién es su público, puede definir esencialmente lo que es su servicio. Esto siempre puede evolucionar a medida que se avanza, pero mientras tanto, dese un punto de partida para que pueda tener claro a qué está sirviendo y a quién se lo está sirviendo.

Típicamente, cuando usted desarrolla un personaje del cliente, quiere definir quién es su público de una manera que le permita saber tanto como sea posible sobre ellos. Entre las preguntas comunes que se hacen los vendedores cuando desarrollan la hoja de personaje de su público objetivo se encuentran:

- ¿Quiénes son ellos? (Edad, género, ubicación, etc.)
- ¿Cómo es su vida en el hogar? (Estado de la relación, niños, animales, tipo de hogar)
- ¿Cómo es su vida laboral? (Función de trabajo, estatus, tipo de empresa)
- ¿Cómo son sus ingresos? (¿Cuánto ganan? ¿Qué activos tienen?)
- ¿Cuáles son sus intereses profesionales?
- ¿Cómo pasan su tiempo libre?
- ¿Dónde pasan su tiempo?
- ¿Con quién pasan el tiempo?
- ¿Cuáles son sus mayores desafíos?
- ¿Cuáles son sus mayores frustraciones?
- ¿Cuáles son sus objeciones más comunes?
- ¿Qué (o quién) influye en sus decisiones?
- ¿Qué resultado o resultados quieren?
- ¿Cómo les hacen sentir estos resultados o consecuencias?
- ¿Qué dice de ellos la compra de su producto?
- ¿Cuáles son sus aspiraciones y deseos de vida?

Conocer las respuestas a todas estas preguntas le ayudará a conocer a su público lo suficiente como para poder desarrollar un mensaje que les hable muy claramente. Puede parecer excesivo, al principio, pero a medida que usted comience a desarrollar materiales de marketing más adelante se dará cuenta de que conocer toda esta información sobre su público es imperativo, ya que le ayuda a desarrollar piezas muy específicas de contenido que se relacionan con ellos.

Capítulo 2: Identificación de su marca personal

A medida que usted está construyendo una marca personal, usted necesita mirarlo en dos capas. La primera capa es la parte técnica que se ha resuelto en el último capítulo, en el que esencialmente se discutió lo que serían los detalles de su negocio. Allí, usted identificó en qué industria se iba a convertir, qué nicho serviría, quién sería su público y qué ofrecería a su público. Esta parte fue importante para desarrollar las bases para que su negocio crezca, ya que así es como va a saber cuáles son sus objetivos y si los está alcanzando o no. Ahora, usted necesita equiparse con las herramientas para alcanzar realmente esos objetivos. Aquí es donde entra en juego su Brand persona.

El Brand persona es el personaje o la personalidad de su marca con el que su público interactuará. La forma más fácil de entender este concepto es imaginar que el nicho, el público y las ofertas de su marca son la trama de una novela, y que su Brand persona es el personaje principal. El nicho, el público y las ofertas proporcionarían la base, pero sin el personaje principal, no habría manera de servir la historia al lector. Esto es lo que usted está haciendo con su marca: está desarrollando un personaje principal con el que su público objetivo puede interactuar, crecer en el amor, y animar. Usted quiere que su público tenga una "persona" en mente (usted) con la que pueda relacionarse y desarrollar una relación para que siga siguiéndole, preste atención a sus ofertas y defienda su negocio.

El desarrollo de su Brand persona, por lo tanto, tampoco es muy diferente del desarrollo de un personaje para una novela. Sin embargo, aquí no se desarrolla un personaje completamente nuevo, sino que se buscan los aspectos de la personalidad que se quieren destacar para la marca, de modo que se pueda tener un personaje claro para presentarlo al público objetivo. Buscará cómo puede desarrollar su voz, tono, aspecto, personalidad, historia, y más para que quede claro con quién está compartiendo con su público.

A medida que usted desarrolla su personaje, tenga en cuenta que quiere desarrollar un personaje que sea a la vez auténtico y que encaje en su nicho de mercado. Usted no quiere desarrollar un personaje que sea demasiado diferente de lo que realmente es, ya que se sentirá como si siempre estuviera actuando y es probable que su público vea las discrepancias entre quién aparece cómo y quién dice ser. Al perfeccionar la parte de su personalidad auténtica y elegir amplificar esa parte de su personalidad, puede asegurarse de que está conectando con su público de una manera auténtica. De esta manera, usted puede mantener su persona y desarrollarla de una manera fuerte y profunda.

¿Quién es usted y por qué es diferente?

Lo primero que usted necesita identificar cuando está desarrollando su Brand persona es quién es usted y por qué es diferente de todos los demás en su nicho. Considere esto como la base para el personaje que va a crear, ya que quiere realmente entrar en el núcleo de quién es usted y cómo planea aparecer ante su público. Aquí, usted quiere considerar tanto la forma en que quiere presentarse como la forma en que su público necesita que usted se presente para que usted pueda desarrollar una personalidad que sea relevante para usted, mientras que también desarrolla una a la que su público probablemente responda. De esta manera, ¡puede desarrollar una personalidad que se sienta divertida y agradable de participar, y que sea bien recibida por las personas que van a ser responsables de ayudarle a generar beneficios en su negocio!

Usted quiere comenzar el proceso de desarrollo de su persona metiéndose en la carne de quien es. La mejor manera de hacerlo es identificar algunas palabras clave que resalten su personalidad, sus valores fundamentales, y cuál es su misión en el mundo. Estas tres áreas de quién es usted ayudarán a darle una idea de cómo se presenta, lo que le gusta compartir con el mundo, y lo que puede ofrecer a su público en términos de una personalidad con la que se pueda relacionar. Lo más probable es que usted tiene muchos valores fundamentales, unos pocos objetivos de vida diferentes, y varios aspectos de su personalidad que se destacan para usted. Si este es el caso, usted puede centrarse en la identificación de su personalidad general y todos sus valores y objetivos que se relacionan con su industria y la marca que está construyendo. Si usted necesita reducir aún más, también puede reducir qué elementos de su personalidad se van a adaptar mejor a su marca, de modo que usted tenga realmente claro qué personalidad necesita ser amplificada para su público.

Una vez que usted se ha metido en la carne de quien es, puede comenzar a identificar qué es lo que más va a resonar en su público. Lo más probable es que estén buscando algo bastante consistente en la industria en la que usted está, así que muchos de sus valores, objetivos y rasgos de personalidad van a coincidir con la gente que ya está en su industria elegida. Eso está totalmente bien, y es de esperar. De hecho, si usted es demasiado diferente, puede que no encaje muy bien en la industria, así que no tenga miedo de ser parte de la manada en términos de tener una persona similar a los que le rodean.

Ahora que usted ha identificado el núcleo de lo que es y los principales elementos de lo que le hace ser quien es, puede empezar a centrarse en donde está su singularidad. En su núcleo, es probable que sea similar a su competencia, pero tiene que haber más sobre usted que le ayude a diferenciarse de todos los demás que ya están ahí fuera haciendo lo mismo. Si usted mira a los que han subido a la cima de sus industrias, es siempre porque tenían algo diferente en ellos que era único en su experiencia de marca. Aquellos que no están escalando más rápido a menudo tratan de encajar en la industria, por lo que se ven eclipsados por muchos otros que aparecen con la misma personalidad fabricada o sencilla que no destaca entre la multitud.

Piénselo: si desplaza la pestaña de descubrimiento de "estilo" de Instagram, ¿es más probable que mire las 800 fotos que tienen el mismo aspecto, o sus ojos van a detectar inmediatamente una o dos que son diferentes del resto? Lo más probable es que sus ojos busquen las diferencias. Esto se debe a que los que son diferentes o únicos nos destacan y nos llaman la atención. No son como los demás; tienen algo que les ayuda a diferenciarse de la multitud, así que, en lugar de tener los ojos vidriosos, empezamos a prestarles atención. Para que realmente pueda salir a la luz, necesita ser esa persona que hace las cosas de manera diferente para que la gente le preste atención.

Ser único en el espacio online viene en dos capas: su apariencia y su personalidad. Dado que el mundo de los medios sociales está altamente basado en la estética visual, usted necesita tener una apariencia que sea diferente a la de todos los demás si va a encontrar una manera de diferenciarse de la multitud y desarrollar su unicidad en línea. Usted puede desarrollar una apariencia única encontrando una o dos estéticas que le gusten y que sean relevantes para su marca pero que no sean ampliamente usadas en su industria y usarlas como sus características. Por ejemplo, Amanda Frances, una millonaria que se hizo a sí misma y coach de negocios, destaca el dinero en efectivo y los colores blanco, dorado y rosa como sus colores primarios. La mayoría de la gente de su público puede identificarla por estas dos cosas, y estas dos estéticas la ayudan a destacarse del resto de los coach de negocios en el espacio online. Otro gran ejemplo es Kiki Davies de "*Pursuing Pretty*", que es un popular sitio web de blogs de moda. Kiki es bien conocida por sus colores brillantes y vivos y las sesiones de fotos al aire libre de estilo urbano que hace para resaltar sus trajes favoritos.

Al crear una imagen muy específica para su marca, le facilita a su público identificarlo cuando lo ven en línea. Los que son nuevos en su página pueden saber inmediatamente si disfrutan o no de su estética, y los que le han seguido durante un tiempo podrán distinguirle de los demás basándose en su estética. Además, el uso de imágenes consistentes como esta para su público puede crear un gran sentido de consistencia que resulta en que su público piense en usted cuando vean cosas en su vida diaria que les recuerden a usted. Por ejemplo, si le gusta el arco iris y publica regularmente imágenes de arco iris o de colores de arco iris, los miembros de su leal público comenzarán a asociarlo con el arco iris. Por lo tanto, cada vez que vean un arco iris, pensarán en usted, y se inspirarán para ver lo que usted está haciendo o ponerse al día con usted en el espacio en línea.

A medida que usted elige sus dos cosas, asegúrese de que se relacionen con su público de una manera u otra para que su estética coincida con la que su público estaría buscando. Por lo tanto, si su público es profesional, el uso de gatitos como parte de su estética probablemente no será útil para encontrar a quien está buscando. Usted necesita elegir una estética que va a atraer a su público, mientras que sigue siendo auténtico para usted y se mantiene aparte del resto de la multitud. Si no puede pensar en dos cosas rápidamente, considere revisar su competencia y ver lo que están haciendo para obtener algo de inspiración sobre cómo puede diferenciarse. Absténgase de permitirse copiar directamente a otra persona, ya que esto le hará perder su autenticidad y le hará ser visto como un imitador. En su lugar, use su singularidad como inspiración para encontrar su propia cosa para que pueda empezar a desarrollar una imagen específica para usted que sea única para usted.

Identificando su voz

Además de identificar el aspecto que desea tener para su público, también debe identificar cómo quiere sonar, o qué quiere decir a su público. El tono con el que se comparte con el público puede desempeñar un papel importante en la forma en que se puede conectar con la gente con la que se está hablando, al igual que el idioma. Identificando el tono y el vocabulario correcto a utilizar, usted puede asegurarse de que se está conectando con su público de una manera que se relacione y reciba.

Hay dos maneras de identificar una voz para su marca: primero, identificando la voz que ya tiene, y segundo, identificando cuál es la voz más efectiva de su industria. Combinará estas dos voces para generar una voz que sea auténtica para usted y que al mismo tiempo llegue efectivamente a su público objetivo. Al combinar estas dos voces, puede asegurarse de seguir sonando como usted mismo, lo que facilita que se le considere auténtico, a la vez que habla de una manera que genera tracción con su público. Al principio, puede parecer extraño o fuera de lugar intentar compartir con su público de una manera que requiera que usted considere cómo están recibiendo lo que usted está diciendo, pero con el tiempo encontrará su voz, y le resultará fácil. A continuación, descubrirá cinco pasos sencillos para identificar la voz de su marca para que pueda comunicarse de una manera que le permita tener un tono y un mensaje coherente para su público.

Paso 1: Lea su contenido existente

El primer paso para descubrir su voz es leer el contenido existente. Lo ideal es leer el contenido que usted ha escrito y que es relevante para su industria, pero también puede revisar su contenido en general si no ha hablado mucho sobre su industria, todavía. Revisar lo que ya ha escrito le dará la oportunidad de tener una idea de cómo ya habla, así como de cómo su público recibe su voz actual.

Además de leer su contenido, lea el contenido de sus competidores y conozca cómo se presenta su contenido. Preste atención a cómo suenan, cuál es su personalidad, qué lenguaje usan y cómo los recibe su público. Lo ideal es prestar atención tanto a los que son bien recibidos como a los que no lo son, ya que ambos le darán una excelente información sobre lo que va a funcionar y lo que no. Esté muy atento a los manierismos que funcionan y a los patrones que existen en ambos tipos de lenguaje, ya que esto le ayudará a tener claro qué es lo que debe hacer y qué debe evitar para conectarse más con su público.

Si usted encuentra ciertas piezas de contenido que funcionaron bien y que le gustaron, una gran idea es guardar esa pieza de contenido para que usted pueda referirse a ella y utilizarla para la inspiración más adelante. Esto también le ayudará a obtener la capacidad de identificar y crear sus propios patrones en el contenido que le permita fluir sin problemas entre el intercambio de historias o información y el intercambio de sus ofertas de marketing. Normalmente, la mayoría de las marcas utilizan formatos bastante similares, aunque cada marca tendrá sus propios enfoques únicos para asegurar que se mantengan consistentes dentro de su contenido.

Paso 2: Describa la voz de su marca

Después de identificar su voz o de identificar la voz que más le gusta ver en sus competidores, quiere resaltar cómo suena esa voz usando tres palabras descriptivas. Tres palabras descriptivas son necesarias, ya que esto le da espacio para jugar y crear una voz dinámica sin exagerar y tirar de demasiadas partes móviles diferentes en la conversación. La mejor manera de sacar sus tres palabras es ir al contenido que usted creó o al contenido que más le inspiró de sus competidores e identificar tres palabras descriptivas que usted vio en su contenido. Al elegir las tres palabras, hágalo como si estuviera describiendo su marca como persona. Por ejemplo, use palabras como apasionado, estrafalario, auténtico, profesional, genuino, humorístico, inteligente, descriptivo o entusiasta. Mantener sus palabras descriptivas y claras le permite tener una idea de cómo debe sonar su contenido cuando la gente lo lee.

Paso 3: Crear un gráfico de voz

A continuación, usted quiere crear un gráfico de voz. Cree una tabla de voz tomando sus tres palabras descriptivas y describiendo cómo estas palabras van a aparecer en su contenido. Por ejemplo, si una de sus palabras es apasionante, usted escribiría una nota sobre lo que le apasiona en particular, y luego sobre cómo va a mostrar su pasión en su contenido escrito. Tal vez lo demuestren usando verbos fuertes, siendo campeones de su industria, o animando a la gente de su industria y a su audiencia.

Asegúrese de crear una tabla de voz para cada una de las tres palabras con las que describió su voz. También puede elegir algunas palabras específicas de la industria que vayan de la mano con las palabras descriptivas elegidas, de modo que usted pueda tener una idea del lenguaje que quiere utilizar en su contenido. Esta es una excelente manera de asegurarse de que el lenguaje que está utilizando es consistente, relevante y específico de la industria para que su audiencia pueda recibirlo fácilmente.

Paso 4: Practicar la puesta en marcha

Después de identificar cómo suena su voz de marca, es hora de que practique cómo ponerla en acción. Lo ideal es que practique escribiendo primero algunos mensajes para las redes sociales en una nota en su teléfono o computadora. Conozca cómo es hablar de esta manera, vea lo que le gusta y lo que no le gusta, e identifique lo que suena bien para usted. Asegúrese de que el contenido que está creando sea valioso y reconocible, de modo que su público pueda tener una idea clara de quién es usted y de lo que tiene para ofrecerles. Léalo y asegúrese de que ha utilizado las palabras correctamente, que se lee con el tono adecuado y que no suena demasiado rígido o incómodo de leer. Usted quiere que parezca amigable y comunicativo, no planeado y demasiado editado. Mientras que debería leerse como profesional y reflexivo, quiere mantenerlo social para las *redes sociales.* La mayoría de las veces, sus lectores preferirían algo que se vea más crudo y auténtico que más editado y con guion.

Después de haber escrito algunas piezas de práctica, usted puede comenzar a escribir el contenido directamente para que su público lo lea. Publique este contenido en sus plataformas de redes sociales y asegúrese de estar atento a cómo lo recibe su público. Pruebe diferentes estilos, incluyendo diferentes longitudes de publicación y objetivos, y vea qué es lo que mejor recibe su público. A medida que empiece a acumular contenido al que ellos respondan, lleve un registro de sus mejores y peores publicaciones para que pueda comprender bien lo que su público está buscando. Lo ideal es crear más contenido como sus publicaciones más fuertes y menos contenido como sus publicaciones más débiles.

Paso 5: Evolucionar su voz

Cada persona evoluciona, por lo que su público va a esperar que usted y su marca también evolucionen. La mejor manera de evolucionar su marca es hacerlo naturalmente evolucionando junto a usted. A medida que usted crece y su industria crece, incorpore naturalmente nuevas palabras y tonos a la voz de su marca y permita que se adapte y crezca junto a su público. Preste atención a cómo se desarrolla su público también, y no tenga miedo de incorporar manierismos y patrones que utilizan en su lenguaje también.

La mejor manera de asegurar que su voz evolucione naturalmente es revisarla regularmente para asegurarse de que sigue generando contenido que funciona. Esto puede parecer abrumador, pero a medida que se entra en la rutina de revisarlo cada tres o cuatro meses, encontrará que se hace cada vez más fácil. Con el tiempo, usted sabrá exactamente qué buscar, y será capaz de generar un contenido que hable directamente a su audiencia mientras evoluciona junto a ellos al mismo tiempo.

Desarrollando la historia de su marca

Otra parte importante del desarrollo de su persona es el desarrollo de la historia de su marca. Cada marca tiene una historia que contribuye a por qué llegó a ser una marca en primer lugar y qué la inspira a permanecer activa y a crecer día a día. Esta historia es lo que ha impulsado a la marca a iniciar su marca en primer lugar, y lo que la inspira a ayudar a la gente de la manera en que lo hace. Cada marca utiliza su historia como una forma de informar a sus clientes de lo que tienen que ofrecer y cómo pueden ofrecerlo de una manera que sea fácil de recibir para sus clientes.

El desarrollo de la historia de su marca será único, ya que usted es un individuo con su propia historia. Usted quiere asegurarse de que la historia que está compartiendo es auténtica para usted y sus experiencias, por lo que tendrá que decidir compartir desde un lugar de experiencia personal y pasión. También querrá asegurarse de que su historia es relevante para su público, por lo que evitará entrar en detalles sobre su pasado que no tienen nada que ver con su negocio en sí. En su lugar, aclare lo que lo llevó a este punto en su negocio específicamente y por qué está aquí sirviendo a otros. Esta es la parte de su historia que su público quiere escuchar, y la parte de su historia que va a ser relevante para ellos y sus experiencias.

La mejor manera de desarrollar la historia que usted compartirá es, primero, aclarar cómo su historia beneficia a su público. Preste atención a los aspectos de sus experiencias y de su historia que sean relacionables con su público y permita que esas partes se unan como su historia. Luego, preste atención a cómo se lee la historia. La historia y el tono deben leerse juntos de manera efectiva, por lo que debe asegurarse de que está siendo intencional al aportar su tono a la historia. Lea su historia varias veces y vea cómo se relaciona con su público, cómo se lee y si utiliza o no el lenguaje adecuado para llegar a su público de manera efectiva.

Su historia va a ser utilizada de varias maneras, así que una vez que haya escrito su historia principal y la haya editado para asegurarse de que se lea efectivamente a su público, va a querer mantenerla. Puede elegir colocarlo en su sitio web para que su público lo lea, o puede desear guardarlo para usted mismo y utilizarlo como inspiración para sus estrategias de marketing a medida que avance. De cualquier manera, tener esta historia disponible va a asegurar que el mensaje general de su marca siempre permanezca en el objetivo y que usted siempre sea consistente con su historia y la información que está compartiendo con su audiencia.

En lo que respecta a la comercialización de su historia, usted querrá crear piezas de material de comercialización que sean relevantes para la historia que está compartiendo. Asegúrese de que se relacione con su historia, que sea parte de su historia o que contribuya a que las personas comprendan su historia y se conviertan en parte de su solución o resolución. Esta es la mejor manera de asegurar que todos sus materiales permanezcan en la marca y sean relevantes para su público.

Bailando entre su persona y su público

La parte final del desarrollo de un personaje es aprender a mantenerlo mientras se evoluciona para satisfacer las necesidades de su audiencia. Cuando se trata de desarrollar una marca personal, puede ser fácil perderse en el intento de satisfacer las demandas de su público y perder la base que tiene en ser usted mismo. Particularmente en una marca que se desarrolla en uno mismo, a veces puede ser un desafío recordar que no se requiere transformar o cambiar quién es usted para satisfacer las necesidades de su público. Se le permite, y, de hecho, se le requiere, continuar siendo usted mismo para permitir realmente que su marca florezca. Las marcas que se esfuerzan demasiado por satisfacer las necesidades de su público casi siempre terminan perdiéndose a sí mismas y se encuentran luchando por sobresalir realmente y satisfacer las necesidades de su público. Su público necesita que usted se concentre en quién es usted y que continúe apareciendo de manera poderosa para que usted pueda seguir siendo la persona influyente que ellos han llegado a disfrutar. Por esa razón, usted necesita aprender a caminar por la línea de mantenerse fuerte y auténtico, mientras que también evoluciona y cambia con y para su público. Esto viene con un poco de práctica.

Para seguir mostrándose como su yo auténtico, es importante que siempre reflexione sobre cada post que va a compartir y determine si realmente suena como usted. Si no suena como si fuera algo que realmente compartiría, entonces es probable que sea una buena idea evitar compartir ese contenido. Si comparte un contenido que no suena como algo que usted escribiría, se encontrará compartiendo un contenido que no resuena bien con su público. Y si por casualidad lo hace, puede que empiece a sentir que se le exige que se aleje de su voz auténtica para satisfacer las necesidades de su público. Ambos escenarios no son ideales.

En su lugar, busque compartir el contenido que suena y se siente bien para lo que estaría compartiendo, y que sigue teniendo su personalidad y voz en él. No tenga miedo de mantener su contenido crudo y real, y no sienta que tiene que sobre editar nada o poner demasiada presión para ser alguien que su público necesita que sea. Recuerde: ellos necesitan que sea una persona determinada, pero necesitan que sea más un líder y menos un seguidor. Eso significa que usted necesita saber cómo ser su auténtico yo y anticipar sus necesidades a través de su autenticidad, no hablar exactamente como ellos y convertirse exactamente en lo que son.

Dicho esto, usted quiere permanecer relevante con su público al continuar presentándose ante ellos de una manera que puedan recibir. Esto significa que usted necesita ser capaz de identificar las tendencias en su industria y seguir esas tendencias para poder permanecer relevante. Si se produce un cambio en el lenguaje, o algún nuevo tema o artículo se pone de moda, usted necesita estar al tanto de estas cosas e incorporarlas a su imagen auténtica. Encuentre una manera de incorporarlos a través de su propia y única estrategia y voz para que su público vea que usted sigue siendo relevante y a la vez auténtico con respecto a quién es usted.

Además de anticipar e incorporar los cambios en el lenguaje y los temas o elementos de tendencia, asegúrese de que también está evolucionando como persona. Por lo general, a la gente le gusta seguir las marcas personales que siguen evolucionando como individuos, ya que disfrutan viendo a una persona crecer a lo largo de la vida y alcanzar sus objetivos. Quieren relacionarse con usted como si fuera su amigo, por lo que su público quiere verle marcarse objetivos y ganar. No tema hablar de sus aspiraciones y compartir sus victorias con su público, ya que esto le permite compartir con ellos una experiencia única en la que pueden celebrar sus victorias. También les muestra lo que es posible y les invita a compartir sus victorias con usted para que usted pueda celebrarlas también. Esta conexión de ida y vuelta entre usted y su público es una poderosa oportunidad para asegurarse de que está construyendo esas relaciones con su público y evolucionando con el tiempo. Cuanto más usted desarrolle estas conexiones y crezca, más poderoso se convertirá y más crecerá su marca.

Capítulo 3: Marketing en Facebook

Facebook es la mayor plataforma de redes sociales en 2019, lo que la convierte en una poderosa herramienta para cualquiera que busque desarrollar su marca en línea. Dicho esto, usted necesita saber cómo utilizar Facebook en 2019 para realmente aprovechar esta plataforma y empezar a resaltar su nombre. Facebook se ha convertido en su propia comunidad en línea con muchos lugares de reunión diferentes para que la gente pase tiempo conectando con amigos, familiares e incluso extraños que están interesados en cosas similares. Desde los perfiles de Facebook y las páginas de negocios hasta los grupos, hay muchas maneras diferentes de desarrollar una presencia en Facebook y empezar a generar tracción en esta mega plataforma.

Lo ideal es que, si usted quiere empezar a desarrollar su presencia en Facebook, debe estar preparado para pasar por lo menos 30-45 minutos al día en esta plataforma aprendiendo sobre cómo funciona y comprometiéndose con su público. Esto le dará tiempo suficiente para entender cómo funciona la plataforma, para publicar nuevos contenidos y para comprometerse con las personas que se comprometen con su contenido. De esa manera no solo construirá una presencia, sino que también comenzará a construir conexiones sociales, que es algo que la gente en Facebook valora profundamente. En este capítulo, vamos a explorar cómo puede aprovechar la vasta comunidad de Facebook para ayudarle a generar una presencia en línea para su marca.

Beneficios de Facebook para las marcas personales

Facebook tiene una amplia gama de beneficios que ofrece a las marcas que deciden utilizar esta plataforma para comenzar a conectarse con su público. El mayor beneficio de usar Facebook es que esta plataforma tiene muchos datos demográficos diferentes, lo que la convierte en un excelente lugar para conectarse con casi cualquier público objetivo. Usted puede aprovechar su perfil de Facebook para muchas cosas diferentes, desde el desarrollo de una cuenta de influencer hasta el crecimiento real de una pequeña empresa y la venta de productos o servicios a su público. La forma en que usted decida desarrollar su cuenta de Facebook depende en gran medida de usted.

Además de la amplia gama de personas que utilizan Facebook activamente todos los días, hay muchos otros beneficios para Facebook también. Por ejemplo, Facebook ha optimizado su plataforma para la conexión entre empresas y clientes, lo que la convierte en una excelente plataforma para cualquiera que intente conectarse con los clientes. Desde la creación de páginas de negocios que se pueden desarrollar con mucho contenido para conectar con su público, hasta el desarrollo de un grupo que ofrece una comunidad privada para que usted y sus seguidores puedan pasar el rato, hay varias maneras en que usted puede conectarse con su público. Más allá de la publicación tradicional, Facebook también ofrece actualizaciones de historias las 24 horas del día y mensajes privados para que usted pueda ofrecer oportunidades de conexión aún más exclusivas para su público.

Cuando se desarrolla una marca, lo ideal es tener al menos una pequeña presencia en Facebook, ya que muchas personas que están interesadas en investigar una marca o negocio las buscarán en Facebook, o en Instagram. Asegurarse de tener una presencia existente en Facebook ayuda a la gente a ver que se trata de un negocio legítimo y que se puede conectar con él a través de las plataformas sociales, lo cual es una situación ideal para la mayoría de la gente moderna. Otra razón por la que tener la posibilidad de conectarse con usted en línea es beneficioso para su público es que su público tiene la oportunidad de ver las reseñas de su negocio en Facebook. Al principio esto puede no significar nada, pero a medida que empieza a desarrollar más clientes y esos clientes le reseñan en línea, Facebook proporciona un gran lugar para que su audiencia vea esas reseñas y determine si quieren o no trabajar con usted.

Por último, Facebook es un sitio de intercambio social que valora el contenido auténtico, lo que significa que entrar en Facebook le brinda la oportunidad de expresarse de manera única y personalizada. Cuando la gente lo sigue, puede comentar y reaccionar a su contenido, lo que les da la oportunidad de sentir que están desarrollando una relación personal con usted. Esto ayuda a su público a sentirse mucho más conectado con usted, lo que resulta en que experimenten un mayor sentido de lealtad hacia usted y su marca.

Usando un perfil público

El uso de un perfil público es una gran manera de empezar a desarrollar una conexión con su público si está desarrollando una marca personal, ya que esto da una sensación muy personal. Los perfiles públicos son esencialmente perfiles personales que tienen todos sus ajustes de seguridad establecidos como públicos para que cualquiera pueda verlo y seguirlo en Facebook. En general, este tipo de perfiles permite a las personas sentirse mucho más conectadas con usted porque sienten que se están convirtiendo realmente en sus amigos y no solo en sus seguidores. Como resultado, es más probable que presten atención a lo que usted comparte, se comprometan con usted y desarrollen una relación con usted en el espacio en línea.

Si usted utiliza un perfil público, es importante que se asegure de que cada pieza de contenido que se comparta en ese perfil esté bien marcada. No es conveniente que comparta contenido demasiado personal o que sea irrelevante para su marca, ya que esto puede dar lugar a que tenga una plataforma confusa y que haga que sus seguidores se sientan poco claros acerca de quién es usted y qué tiene para ofrecer en línea. En su lugar, asegúrese de que la estética de su perfil y los mensajes generales sigan el mismo tema de su marca, para que la gente tenga una idea de quién es usted y permanezca coherente en lo que es ese sentimiento. Definitivamente usted puede hacer brillar su autenticidad y compartir pequeñas piezas de su vida más personal con su audiencia para darles esa conexión íntima que le gusta al mundo de las redes sociales, pero asegúrese de seguir siendo privado acerca de quién es usted. No querrá poner todos los aspectos de su vida en las redes sociales, solo para descubrir que se le está echando en cara o que se le está frenando a largo plazo.

Además, asegúrese de que su perfil personal contenga una saludable mezcla de contenido compartido y contenido creado personalmente. Compartir el contenido de otras personas es una gran oportunidad para construir su perfil y compartir más de lo que usted es, pero si no está generando suficiente contenido creado personalmente, está perdiendo una oportunidad. Al generar su propio contenido, le da a la gente la oportunidad de sentir fuertemente quién es usted y lo que comparte para que puedan decidir si quieren seguirlo o no.

Por último, asegúrese de que su perfil personal se *sienta* personal. No use el muro de su perfil solo para promocionar a su público en cada uno de los mensajes. Genere buzz, comparta contenido interesante, involucre a su público y desarrolle una personalidad en línea con la que se puedan relacionar. Cuanto usted se esfuerce por construirse como una persona genuina en línea, más gente se relacionará personalmente con usted y experimentará interés y lealtad hacia su marca. De esa manera, la gente es más probable que haga una compra cuando empiecen a ver que usted publica sobre sus últimas ofertas.

Usando una página de negocios

Las páginas de negocios de Facebook funcionan casi como perfiles personales, excepto que usted puede orientarlas más hacia su negocio.

Las páginas empresariales pueden tener el nombre de su marca o de su pequeña empresa, tienen una sección "Acerca de" que puede rellenar para proporcionar información a su público y tienen la oportunidad de que se añadan muchas otras pestañas funcionales a la página. Por ejemplo, puede agregar una pestaña de compras, una pestaña de servicios, una pestaña que proporcione acceso al contenido de video o incluso una pestaña que permita a la gente dejar comentarios sobre su negocio. Lo ideal sería utilizar cualquier pestaña que sea relevante para su marca para asegurarse de que puede rellenar la página de su negocio con mucha información sobre quién es usted y de qué trata su marca. De esta manera, la gente puede obtener toda la información que necesita para decidir si su marca es o no con la que quieren hacer negocios.

Otro beneficio de tener una página de negocios es que puede mantenerla totalmente orientada a los negocios. En lugar de necesitar hacerlo más personal y amigable como lo haría en un perfil personal, puede hacer que su página de negocios sea más profesional. Puede utilizar una imagen de perfil profesional o relacionada con la empresa, una imagen de encabezado y un nombre de usuario para su perfil, de modo que todo tenga un aspecto más profesional. Más de sus publicaciones pueden estar orientadas a la comercialización, puede ofrecer enlaces a diversos productos y servicios que tiene disponibles, y puede mantener a la gente al día con respecto a los acontecimientos de su negocio.

Cuando usted desarrolla su página de negocios, es una buena idea mantener variado el tipo de contenido que comparte. Lo ideal es que cada pieza de contenido tenga alguna forma de fotografía o gráfico adjunto para asegurar que su perfil sea visualmente interesante. Si puede crear contenido de video, como un video en vivo o un video grabado, esta es una gran herramienta, así como el demográfico de Facebook tiende a amar el consumo de contenido de video. Puede compartir contenido de video, sobre todo, desde sus últimos productos y servicios hasta las actualizaciones que son relevantes para sus seguidores. Cuanto más contenido relacionado con los videos comparta, más podrá conectarse su público con usted en un nivel cara a cara y sentir una sensación de conexión personal con usted.

Anuncios en marcha...

Una vez que desarrolle la página de su negocio y rellene toda la información y las pestañas, también podrá utilizarla para empezar a publicar anuncios en Facebook. Los anuncios son una herramienta poderosa que puede ayudarle a acceder más rápidamente a su público objetivo, lo cual le facilitará comenzar a desarrollar su presencia en Facebook. La publicidad también se puede utilizar para comercializar sus productos y servicios y obtener una mejor tracción de sus ventas, lo que la convierte en una excelente herramienta para utilizar en Facebook. Otro gran beneficio de la plataforma publicitaria de Facebook es que también dirige la plataforma publicitaria de Instagram, ya que Facebook es el propietario de Instagram. Como resultado, puede utilizar una plataforma para ejecutar anuncios en dos plataformas, por lo que es un excelente ahorro de tiempo, y mantener todo organizado.

Cuando se trata de publicidad en Facebook, las estadísticas son prometedoras, lo que hace que sea una excelente plataforma para que se anuncie en ella. El 93% de los vendedores están usando la publicidad de Facebook de manera regular porque les permite acceder a un segmento tan grande de su público objetivo a un costo relativamente bajo. Cuando usted aprende a obtener un fuerte retorno de la inversión, lo cual no es muy difícil de hacer, podrá descubrir cómo desarrollar anuncios que generen conversiones masivas en una cantidad de tiempo bastante mínima.

Crear anuncios de Facebook que funcionen requiere cierta práctica, pero una vez que lo entienda, puede desarrollar un conjunto de anuncios fuertes que se hagan conversiones rápidamente. Una de las cosas más importantes que puede hacer para que su plataforma empiece a generar conversiones es utilizar imágenes, ya que las imágenes son conocidas por ayudar a generar tracción. Los anuncios que se promueven sin imágenes rara vez funcionan bien, así que el 75-90% de los anuncios de Facebook van acompañados de una imagen o gráfico de algún tipo. También debe asegurarse de que la copia que escriba para su anuncio pueda llamar la atención de alguien en los primeros tres segundos, ya que la gente perderá rápidamente el interés y dejará de prestar atención si no lo hace.

Cuando se trata de generar la parte final del anuncio, hay dos técnicas simples que puede utilizar para identificar su público objetivo y dirigirse a él de manera efectiva. En primer lugar, usted quiere identificar su público objetivo basado en quién ya está siguiendo su página y quién interactúa con usted de manera consistente. Si aún no está obteniendo una tracción consistente, absténgase de la publicidad pagada hasta que sus estadísticas de publicidad orgánica sean más altas, de modo que sepa exactamente a quién debe dirigirse con sus campañas. De esta manera, no desperdicia dinero tratando de adivinar quién es su grupo demográfico. Además de obtener una idea de quién es su grupo demográfico a través de quién se está involucrando con su contenido, también puede prestar atención a quién más están interactuando para que pueda tener una idea clara de lo que les interesa. Al dirigirse a su grupo demográfico en función de su categoría demográfica, así como de sus otros intereses, puede aumentar la probabilidad de conectar con los clientes potenciales de su público objetivo.

En la plataforma publicitaria de Facebook, hacer que sus anuncios sean creados es increíblemente simple. Para ello, debe iniciar sesión en su cuenta publicitaria o pulsar el botón "Promocionar" en la parte superior de la página de su empresa y comenzar a seguir las instrucciones paso a paso en la pantalla para desarrollar su anuncio. Se le guiará a través del proceso de elegir su objetivo, nombrar su campaña, desarrollar el diseño de su campaña y destacar a quién desea que su campaña sea más vista. Una vez hecho esto, todo lo que tiene que hacer es elegir su presupuesto, cuánto tiempo quiere que su campaña funcione, y luego simplemente promocionar su campaña.

Grupos de Facebook

Los grupos de Facebook son un excelente lugar para pasar el rato con su público y desarrollar conexiones personales con ellos en línea.

También es una excelente oportunidad para que su comunidad se conecte y colabore, lo que puede desarrollar una lealtad aún más fuerte hacia usted a medida que su comunidad se da cuenta de que usted es el denominador común que los ha unido a todos. Como resultado, su comunidad gana valor no solo de ustedes sino también de cada uno de los demás, lo que atrae aún más intensidad a su marca.

Si usted está usando un grupo de Facebook para su negocio, es una buena idea elegir un grupo que claramente trabaje junto con lo que usted promueve con su negocio, y que ofrece valor. Por ejemplo, si es usted un artista del maquillaje, dirigir un grupo que tenga tutoriales y promociones exclusivas es una gran oportunidad para construir una comunidad y ofrecer valor a esa comunidad para que sus seguidores tengan un incentivo para unirse y ser parte activa de ella.

En su grupo de Facebook, es una buena idea registrarse de manera consistente, ofrecer contenido valioso y comentar las publicaciones de otras personas dentro de su grupo. Cuanto más tiempo dedique a interactuar con su público, más posibilidades tendrá de que éste se conecte con usted y genere una relación personal con usted a través de Facebook. Este es quizás el mayor beneficio para su público, también, en el sentido de que formar parte de su grupo de Facebook se siente como un "en" exclusivo donde pueden pasar el rato con usted y ser parte de su "círculo" en línea. Esto es aún más exclusivo que ser su amigo de Facebook, lo que puede hacer que ser parte de su mundo sea más divertido y emocionante para cualquiera que sea parte de él.

Conectarse con otros influencers

En Facebook, una de las mejores cosas que puede hacer por usted mismo es desarrollar relaciones con influencers que son parte de la misma industria que usted. Los influencers que están en su industria, particularmente aquellos que ya están más establecidos, son grandes amigos a tener, ya que pueden apoyarlo en su crecimiento. La moderna comunidad de negocios en línea fomenta la comunidad por encima de la competencia, por lo que formar parte de la comunidad puede ser un poderoso movimiento empresarial para usted. Identifique quiénes son los actores clave de su industria, únase a sus grupos, sígalos o hágase amigo de ellos, y comience a interactuar con su contenido regularmente. Esto no solo le dará la oportunidad de seguir creando más relaciones en línea, sino que también le ayudará a acceder a la inspiración sobre cómo puede desarrollarse y crecer en su negocio.

Como se hace amigo de los de su propia industria en línea, asegúrese de que todas sus conexiones son genuinas y sinceras. No intente generar conexiones solo para obtener información y empezar a copiar a los influencers de su industria, ya que esto puede resultar en que usted parezca falso y pierda credibilidad. Además, si un influencer se da cuenta de que está haciendo esto, la palabra puede salir a la luz, y su reputación puede verse empañada por sus intenciones menos que genuinas. En cambio, sea genuino en sus intenciones creando y estableciendo relaciones significativas dentro de su industria y creciendo junto a las personas que están en un camino similar al suyo.

Más allá de apoyarlo con su propio negocio, estar conectado con gente que está haciendo las mismas cosas que usted es una gran manera de crear realmente un sentido de camaradería en su vida. Ser un empresario puede ser solitario a veces, por lo que tener gente que pueda relacionarse con usted es excelente para que se sienta apoyado y comprendido. De esta manera, cada vez que usted está pasando por una dificultad, o quiera traer aún más comunidad a su negocio y a su vida, usted sabe a quién puede acudir y en quién puede confiar. Asegúrese de devolver el favor a los influencers de los que le preocupa por seguir siendo amigo, para que sus relaciones se nutran y sean abundantes, en lugar de ser unilaterales e injustas.

Growth Hack: Interactuando en Facebook

Facebook es una plataforma donde la interacción social es extremadamente importante. Las personas que "postean y corren" o que dejan un post o un enlace en algún lugar y luego nunca hacen nada más, a menudo son mal vistas y olvidadas en Facebook. El algoritmo de Facebook y sus usuarios prefieren a las personas que publican contenido, que comentan a los que comparten el contenido y que se comprometen con el contenido de otras personas. Por esa razón, la conexión social genuina y el tiempo dedicado a la comunicación con los demás es una poderosa oportunidad para que usted se conecte con personas que son relevantes para su industria y crezca en Facebook.

Cuanto más usted comparte conversaciones con la gente en Facebook, más sus seguidores van a ver que usted es genuino e interesante. Como resultado, descubrirán que es divertido participar con usted y es más probable que continúen participando con usted y compartiendo con su círculo que también puede estar interesado en su contenido. Cuanto más usted haga esto, más crecerá orgánicamente, y más leales se volverán sus seguidores. Incluso los más influyentes continúan tomándose el tiempo para comprometerse con su audiencia de una manera genuina y sincera, así que no se permita nunca llegar al punto en el que sienta que una conexión genuina está más allá de usted. En su lugar, vea cuán valiosas son estas relaciones en su vida y siempre ponga el trabajo en hacerlas crecer para que pueda continuar valorando y nutriendo a su audiencia de una manera poderosa y personal.

Capítulo 4: Marketing de Instagram

Instagram es actualmente una de las plataformas más populares en las que participan los influencers cuando están desarrollando una imagen en el espacio en línea. Instagram se basa en gran medida en la estética y la apariencia, y en el poder de usar textos fuertes para captar la atención de la gente y atraerlos hacia su marca personal. Cuando se combina el elemento de diseño y el elemento escrito de Instagram de manera efectiva, Instagram puede ser aprovechado como una poderosa herramienta para apoyarle en el desarrollo de una plataforma para su marca, de manera que pueda conectar con su público de una manera más amplia.

Una de las mayores razones por las que Instagram es tan valioso para los influencers es porque la realidad de los influencers es algo que se experimenta en gran medida entre la gente joven. Típicamente, los influencers tienen entre 20 y 30 años y son seguidos por personas que tienen más o menos la misma edad que ellos. Las generaciones mayores no utilizan a los influencers tan a menudo, ni comprenden plenamente el valor que un influencer puede aportar tanto a las empresas como a sus seguidores. Dado que Instagram se dirige en gran medida a los que están en sus 20 y 30 años también, tiene sentido que esta plataforma sea poderosa para los que están entre este grupo demográfico. Incluso si usted no está buscando ser un influencer solo, sino que quiere ser un proveedor de servicios o creador de productos con poder de influencia, entrar en la atmósfera de Instagram es una gran oportunidad para desplegar sus alas frente a su público objetivo.

Beneficios del uso de Instagram

A medida que los medios sociales se desarrollan, la gente se siente más atraída por el contenido visual que nunca antes. Las fotografías son poderosas, al igual que los videos. Cuanto más usted se involucre en el uso de fotografías y videos para apoyarle en la provisión de contenido estético para su audiencia, más va a desarrollar una conexión personal con su audiencia. Instagram permite a la gente aprovechar la publicidad visual al alojar páginas que están completamente basadas en fotografías, con textos añadidos debajo de ellas. También ofrecen historias de 24 horas, IGTV, y transmisiones de video en vivo. Cuanto más se involucre en estas diferentes formas de compartir visualmente, más crecerá su página y la gente podrá seguirlo.

Otro gran beneficio de Instagram es que es más fácil que la gente lo encuentre basándose en lo que comparte y en cómo etiqueta sus fotografías. En aplicaciones como Facebook, la gente necesita encontrar su cuenta a través de sus amigos o a través de un grupo mutuo en el que usted esté involucrado; de lo contrario, no tienen forma de encontrarle. En Instagram, la gente puede buscar hashtags, y siempre que su foto haya sido etiquetada con él, pueden encontrarle. Así es como les puede gustar su contenido y, si les gusta mucho, empezar a seguirle. Esto hace que sea mucho más fácil para la gente ser canalizada a su página a través de sus fotografías, lo que hace que sea una plataforma más eficaz para crecer.

Por último, Instagram se puede interconectar con Facebook, así que, si desea alojar tanto una página de Facebook como de Instagram para maximizar su audiencia, puede hacerlo a través de la conexión de las dos cuentas. De esta manera, cualquier cosa que comparta en

Instagram puede ser compartida en Facebook, y también puede gestionar sus cuentas de anuncios a través de Facebook para Instagram. Esto le facilita la gestión de dos cuentas sin esfuerzo para que pueda desarrollar su plataforma en línea y empezar a tener un mayor impacto sin que le lleve mucho tiempo.

Desarrollando su perfil

Para tener una fuerte presencia en Instagram, usted necesita aprender a desarrollar un perfil efectivo que le ayudará a obtener opiniones y aumentar sus seguidores. La clave para desarrollar un perfil en Instagram es mantenerlo atractivo sin hacer que su perfil se parezca a cualquier otro perfil que esté en la plataforma en este momento. Recientemente, la tendencia a alternar entre citas e imágenes aumentó, y en pocos meses, todo el mundo estaba usando esta estética, lo que resultó en que las cuentas de la gente se vieran todas igual. Aquí es donde el tener una ventaja única es poderosa: le permite dejar de intentar crear una estética que encaje y empezar a crear una que realmente se parezca a su marca.

Es importante que mientras usted busca sobresalir en Instagram, también continúe siendo fiel a su marca. A continuación, hablaremos más sobre cómo mantener su perfil auténtico, pero por ahora, debe saber que es importante que desarrolle una estética que sea atractiva y auténtica. Lo hará desarrollando un perfil de marca a través de los siguientes pasos.

Primero, marque lo básico de su cuenta. Comience por crear un nombre de usuario y una foto de perfil con marca. El nombre de usuario debe ser el nombre de su empresa o su nombre, lo que lo hará simple y fácil de encontrar. Si su nombre ya está en uso, puede considerar agregarle algo pequeño para que sea más fácil de localizar, aunque si lo hace, va a querer ser consistente usando el mismo nombre de usuario en todas las plataformas para que sea fácil de localizar en todas partes. La imagen de su perfil debe ser la suya, o su logo si tiene un pequeño negocio. Las marcas personales también deberían usar siempre una fotografía personal, ya que esto las hace fáciles de identificar y mantiene la cuenta con un aspecto agradable y amistoso. Asegúrese de que la fotografía que utilice sea relevante para su perfil, de modo que tenga sentido; de lo contrario, es posible que la gente no sepa seguirle o que piense que su marca es demasiado confusa para entenderla. Por ejemplo, si se comercializa como maquillador, pero está tomando tragos en su foto de perfil, la gente no va a tener ni idea de qué es lo que intenta comercializar. En su lugar, querrá tener una foto relevante, como una de usted aplicándose el maquillaje o usando un look de maquillaje atrevido. El uso de imágenes relevantes ayuda a mantener su página marcada para que la gente sepa qué esperar de usted.

El segundo paso es diseñar su biografía y el enlace a su sitio web. Su biografía debe ser una simple descripción de quién es usted y lo que tiene que ofrecer para que su público sepa lo que está recibiendo cuando llegan a su página. La biografía de la mayoría de los profesionales tendrá su título profesional, su misión, y potencialmente algo en lo que estén interesados o algo que los distinga. Por ejemplo, si usted es un chef vegano con una pasión por los derechos de los animales, podría compartir una biografía que diga "Chef vegano de las plantas, salvando un pollito a la vez". Tener una biografía que muestre cuál es su misión, en qué está interesado y qué es lo que hace, le da a su audiencia una idea de quién es usted a solo momentos de aterrizar en su página.

Si no está seguro de cómo debe escribir su biografía o qué debe incluir en la suya, eche un vistazo a las páginas de sus compañeros influencers y vea cómo han escrito sus biografías para que pueda tener una idea de lo que le gusta. A medida que lo haga, empiece a crear una biografía que suene más auténtica para su marca. Puede utilizar elementos de otras biografías que le hayan gustado como una forma de desarrollar el formato de su biografía, y entonces simplemente puede empezar a rellenar su información personal. Una vez que encuentre algo que le guste, mídalo con la voz y la persona de su marca para asegurarse de que ha creado una biografía que suena auténtica. Entonces, ¡simplemente use eso!

Para su enlace, puede hacer virtualmente cualquier cosa que desee. Si lo desea, puede vincular a sus seguidores a su sitio web donde ofrece sus productos o servicios, o puede vincularlos a un perfil en línea diferente que utilice con mayor frecuencia. Por ejemplo, si suele estar en YouTube compartiendo vídeos, el enlace a su YouTube desde su cuenta de Instagram es una excelente forma de dirigir más tráfico a su plataforma preferida. Otro gran uso del enlace en su biografía es que, si encuentra que tiene varios enlaces que quiere compartir, como enlaces a sus otras plataformas de medios sociales, su sitio web o las últimas ofertas, siempre puede utilizar una aplicación de página de aterrizaje como LinkTree. LinkTree es gratuita y le permite vincular varios enlaces a una página de aterrizaje para que pueda enviar a sus seguidores a una variedad de lugares diferentes dependiendo de lo que estén buscando. Esto es excelente para cualquiera que tenga múltiples ofertas y quiera ofrecerlas todas a través de Instagram.

Por último, usted va a tener que diseñar su propio canal de noticias. Su fuente de noticias es donde puede compartir imágenes con su público, y las imágenes que dice inmediatamente cuentan una historia sobre su marca. Por esa razón, desea compartir imágenes que sean relevantes para su marca, de modo que la gente vea su página y tenga una idea inmediata de quién es usted. La mejor manera de hacerlo es remitirse a la estética que identificó cuando estaba desarrollando la personalidad de su marca y comenzar a generar una estética en torno a esta apariencia para su perfil. A veces puede llevar algún tiempo desarrollar una estética que sirva a su marca, así que no tenga miedo de desarrollar su estética con el tiempo para que pueda tener una idea de lo que le gusta y lo que no le gusta.

Si no está seguro de por dónde empezar cuando se trata de desarrollar su estética, no tenga miedo de mirar a sus competidores y empiece a desarrollar una estética que coincida con la que utilizan sus competidores. No querrá recrear la misma estética, pero tener una idea de cómo los demás están ejerciendo su ventaja única puede ser beneficioso para ayudarle a tener una idea de cómo puede utilizar la suya propia. Con el tiempo, usted encontrará su paso y le será más fácil determinar lo que le gusta a su público y cómo puede desarrollar el contenido que realmente les interesa para que sigan prestando atención a su página. Después de que usted haya desarrollado su estética, ¡todo lo que necesita hacer es mantener su página!

Manteniendo su perfil auténtico

En Instagram, una de sus herramientas más poderosas es su autenticidad. Debido a que Instagram es tan popular entre los influencers, muchos aspirantes han aparecido y han comenzado a desarrollar páginas genéricas que se parecen a las páginas de los influencers exitosos como un intento de hacerse populares ellos mismos. Cuando su página es demasiado rígida o ha sido fabricada de forma demasiado específica, puede alejar a su público, ya que comienza a sentir que su página no es auténtica. En Instagram, hay una cosa llamada "bots", que son esencialmente programas que están diseñados para desarrollar páginas y ejecutar esas páginas para que las empresas puedan hacer dinero sin hacer nada en la plataforma. Los bots no solo son típicamente eliminados por el propio Instagram, sino que también desarrollan perfiles muy genéricos y poco interesantes que no son eficaces para ayudar a la gente a hacer crecer sus páginas. Al final, estas páginas parecen ser demasiado similares a todas las demás páginas de Instagram, lo que hace que tengan dificultades para desarrollar cualquier tipo de tracción. Si usted quiere crecer, necesita mantener su apariencia única disponible para que su audiencia la siga; de lo contrario, no funcionará.

La mejor manera de crear un *feed* auténtico y atractivo es pensar en su mensaje, su historia y sus ofertas y crear imágenes y pies de foto que encajen directamente en esta sensación. Entonces, usted quiere elegir una estética que se ajuste a este mensaje también. Al elegir las imágenes, asegúrese de que siguen la estética general que está creando y que van junto con las imágenes que las rodean. Por lo tanto, deben coincidir con la imagen que vendrá inmediatamente después de ellas y la que caerá debajo de ellas. Cuanto más coherente sea su *feed*, más atractivo será, así que preste atención a mantener temas similares en términos de lo que está en su imagen, qué colores está usando, y cómo están compartiendo su mensaje con la gente a su alrededor.

Hashtagging y Geotagging

En Instagram, la manera de hacer que sus imágenes sean vistas es tener activados hashtags y geotags en sus imágenes para que sus imágenes puedan ser localizadas. Si aún no sabe cómo funcionan las cosas en Instagram, los hashtags son etiquetas que se usan para categorizar sus fotografías en el algoritmo de la aplicación, y las geotags son la forma de categorizarse a sí mismo en base a la ubicación. Si usted quiere hacer crecer su plataforma y ser descubierto por personas que se convertirán en sus seguidores y, eventualmente, en sus clientes, necesita hacer un uso efectivo de los hashtags y geotags para ser descubierto.

Los hashtags son la principal herramienta de descubrimiento de Instagram, así que usted querrá usarlos como su principal método para ser descubierto por nuevos seguidores. Una de las mejores maneras de empezar a encontrar hashtags para Instagram es empezar a usar palabras clave en sus hashtags. Dicho esto, usted quiere ser bastante específico en las palabras clave que está utilizando, ya que el uso de palabras clave más grandes o más amplias puede resultar en que usted sea rápidamente enterrado por los miles de otras personas que están usando estas palabras clave, también. Para darle una mayor comprensión, cada vez que se utiliza una etiqueta, la lista reciente se actualiza con esa nueva imagen. Así, si cientos o miles de personas están usando un hashtag por hora, su imagen puede ser enterrada rápidamente, resultando en que no sea descubierto tan fácilmente. De la misma manera, si está usando una etiqueta que es bastante irrelevante o que nadie esté buscando, tiene que entender que dicha etiqueta puede no funcionar para ayudarle a descubrir a alguien nuevo, ya que nadie estará buscando activamente ese hashtag.

Encontrar los hashtags correctos para usar puede ser más fácil haciendo una búsqueda en Instagram, o descargando una herramienta como PLANN o Iconosquare. Si usted quiere buscar nuevos hashtags directamente en Instagram, ir a la página de descubrir y teclear su palabra clave es una gran manera de descubrir qué más está buscando la gente cuando buscan su palabra clave. Usted puede descubrir más, ya sea buscando en la sección "relacionados" y descubriendo nuevos hashtags o mirando los hashtags que otras personas están usando. Si va a buscar inspiración en los mensajes de otras personas, debería centrarse en encontrar mensajes que se parezcan a los que está compartiendo para asegurarse de que los hashtags que empiece a utilizar estarán llenos de contenido como el que está compartiendo. Si usted intenta usar hashtags en los que su contenido es irrelevante, se dará cuenta de que no gana mucha tracción, ya que se le considera irrelevante y poco interesante en estas categorías. En cambio, la gente probablemente pensará que usted está fuera de lugar y comenzará a ignorarlo a usted y a todo lo que comparte.

Además de elegir los hashtags correctos que le van a ayudar a ganar tracción, también quiere usar geotags tanto como sea posible para ayudarle a ganar tracción también. Cuando usted tiene los geotags activados para sus fotografías, muestra a las personas que están en su área sus imágenes, lo que puede ayudarle a ganar más tráfico local. También puede utilizar las geotags para lugares populares como restaurantes, lugares turísticos u otras atracciones, ya que le ayudarán a ganar más tracción al mostrar a su público dónde se encuentra. Además, si aplica los geotags en las ubicaciones, se tienen más posibilidades de ser republicado (o de que se comparta la imagen) por una cuenta popular que puede tener ya un número significativo de seguidores. Si esto sucede, descubrirá que puede obtener aún más tracción en sus publicaciones a medida que la gente comience a ver sus fotografías compartidas por otras cuentas populares, facilitando así su localización. Aunque no compartan su fotografía, etiquetar personas, lugares u otras cuentas relevantes en sus imágenes puede ser una gran oportunidad para aumentar su número de seguidores al hacer más fácil que la gente lo encuentre.

En Instagram, puede usar hasta un geotag y hasta 30 hashtags, así como hasta 30 etiquetas en una imagen. Debe tratar de utilizar todos sus geotags y hashtags tan a menudo como sea posible para asegurarse de que se le encuentra, siempre y cuando los hashtags que está utilizando sean relevantes. Absténgase de etiquetar demasiadas otras cuentas con demasiada frecuencia en sus mensajes, ya que esto puede parecer spam. Sin embargo, si usted tiene alguien o algo relevante que puede etiquetar en su publicación, siempre puede etiquetarlo para aumentar su tracción y hacer crecer su cuenta aún más rápido.

Growth Hack: Guía paso a paso para el crecimiento del Instagram

Hay muchas estrategias que usted puede aprovechar para ayudarle a crecer en Instagram. Idealmente, usted quiere tener su estrategia de crecimiento ordenada de manera que sea simple y consistente para que pueda seguir creciendo de manera regular. Cuanto más racionalizada sea su estrategia de crecimiento, más simple será para usted desarrollar su cuenta y crecer más rápido. A continuación, se presenta una excelente estrategia de crecimiento que puede poner en práctica para ayudarle a empezar a crecer su cuenta rápidamente, y puede ajustarla como considere oportuno para ayudar a su canal único a crecer aún más rápido. Para acceder a todas las herramientas e información que se proporcionan en esta estrategia, deberá activar las características comerciales de su cuenta Instagram. Puede hacerlo entrando en su configuración, tocando "Cuenta" y luego tocando "Cambiar a la cuenta de negocios". Una vez que haya activado esta función, puede comenzar a realizar un seguimiento de la información, como sus análisis, que será importante para ayudarle a desarrollar su cuenta aún más.

Paso 1: Crear Hashtag Pods

Las Hashtag pods son esencialmente grupos procreados de hashtags que puede usar para ayudarle a tener sus hashtags disponibles para cuando llegue el momento de publicar cualquier contenido nuevo en su página. Tener hashtags ya investigados y guardados es una gran oportunidad para agilizar su proceso de publicación, ya que le proporciona un fácil acceso a un conjunto de hashtags que puede utilizar con todas sus nuevas publicaciones. La creación de hashtag pods tampoco tiene por qué ser un reto, ya que puede crearlos siguiendo los métodos de investigación anteriores y luego categorizarlos en función de los tipos de fotografías que suele compartir en línea. Si es el tipo de persona que comparte el mismo tipo de contenido con regularidad, o si considera que sus necesidades de hashtags cambiarán con cada publicación, siempre puede compilar una lista de sus hashtags más utilizados y tener esa lista a mano. De esta forma, cada vez que publique, solo tendrá que seleccionar sus hashtags más relevantes para su nueva publicación y utilizarlos.

Paso 2: Encuentre sus horas pico de publicación

Un gran beneficio de tener activada la analítica de negocios de Instagram es que puede prestar atención a las horas pico de publicación en Instagram. Las horas pico de publicación significan esencialmente las horas en que sus fotos tienen más probabilidades de estar vinculadas en Instagram. Cada marca tiene sus propias horas pico de publicación, así que querrá descubrir cuáles son las suyas y luego utilizar estas horas pico como su oportunidad para obtener tracción en su Instagram. La mejor manera de comenzar este proceso es pasar unas semanas compartiendo fotos en cualquier momento del día, sin prestar mucha atención a este análisis al principio. Trate de publicar en diferentes puntos a lo largo de cada día para que sea más probable que tenga una idea más completa de cuáles son sus horas pico. Luego, después de unas semanas, anote estas horas pico y comience a publicar intencionalmente alrededor de ellas. Cuanto más publique intencionadamente alrededor de sus horas pico, mejor será su tracción, ya que Instagram favorece las publicaciones que ganan mucha tracción rápidamente después de ser publicadas.

Paso 3: Supervisar el rendimiento de su contenido

Siempre debe prestar atención al rendimiento de su contenido cuando publique nuevos contenidos, ya que así puede asegurarse de que lo vea el máximo número de personas con cada nueva publicación. Cuando publique, preste atención a cuánta tracción obtiene en 20 minutos, 12 horas, 24 horas y 48 horas. Tome nota de los mensajes que siguen ganando fuerza durante más de 48 horas, ya que estos mensajes suelen ser los que más gustan a su público. Al tener una idea de lo que más le gusta a su público, puede asegurarse de que todo lo que está publicando está siendo efectivamente recibido por su público. Esto le permite asegurarse de que cada cosa que publique sea relevante, interesante y va a maximizar la cantidad de tracción que obtenga de su público.

Paso 4: Participar con frecuencia

Instagram es una cuenta de redes sociales, lo que significa que la cantidad de interacción que usted obtiene a menudo es igual a la cantidad que usted da. Esto no significa que usted tiene que estar en Instagram durante horas todos los días prestando atención a las personas que está siguiendo y buscando nuevas personas, pero sí significa que usted debe pasar tiempo todos los días interactuando con sus seguidores existentes y potenciales nuevos seguidores. El hecho de ser activo en su cuenta y de que le guste y comente el contenido de la gente es una gran oportunidad para ser encontrado por más gente, lo que permite que su cuenta crezca más rápido. No solo pone su nombre en sus notificaciones, sino que también lo pone frente a su audiencia, mientras que también hace que su cuenta crezca en el algoritmo de Instagram. Esencialmente, cuanto usted publica y se compromete, Instagram lo ve más relevante y comienza a compartir sus mensajes con más gente.

Paso 5: Ajuste su enfoque según sea necesario

Dado que su cuenta Instagram se está utilizando para fines comerciales, es una buena idea que la aborde como un negocio y empiece a aprender cómo puede desarrollar sus estrategias de crecimiento con ella. Puede hacerlo revisando regularmente su enfoque actual de Instagram para asegurarse de que sigue funcionando a su favor. Cuanto más preste atención a su crecimiento y continúe entendiendo qué es lo que su público está buscando, más tendrá que ofrecer a su público, haciendo aún más fácil que continúe creciendo. Mientras siga acercándose a su perfil con la intención de servir a su audiencia, su crecimiento va a ser sostenible y continuo. Si no está seguro de cómo puede enfocar su estrategia de crecimiento para asegurarse de que está usando el enfoque más efectivo en todo momento, puede empezar fácilmente fijando una fecha recurrente para cuando quiera revisar su perfil. Puede revisar su perfil semanal, quincenal, mensual o incluso trimestralmente para ver cómo va su crecimiento general y asegurarse de que está utilizando los métodos más eficaces posibles. Si usted está eligiendo fijar su fecha a algo más frecuente, como por ejemplo semanal, asegúrese de que cualquier cambio que usted inculque sea gradual para asegurar que no esté cambiando las cosas más rápido de lo que su audiencia puede responder razonablemente. Lo ideal sería que dejara un nuevo método durante al menos unas semanas para asegurarse de que está obteniendo un análisis razonable que refleja realmente si su público disfruta o no del contenido que usted está publicando.

Capítulo 5: Marketing en Twitter

Twitter es otra importante plataforma de redes sociales que es bien conocida por ser un gran lugar para hacer crecer su presencia en línea. La mayoría de los principales influencers tienen una presencia establecida en Twitter, ya que Twitter les permite entablar conversaciones genuinas de ida y vuelta con su audiencia de manera masiva. También es una gran plataforma para cualquiera que se dirija a un público más maduro, ya que la mayor parte de la audiencia de Twitter está compuesta por personas mayores de 30 años, lo que significa que aquí se puede acceder fácilmente a un grupo demográfico de mayor edad. Entrar en Twitter le permite comenzar a involucrarse con su público de una manera completamente nueva, ya que Twitter todavía consiste en gran medida en actualizaciones de estado y conversaciones, más que en cualquier otra cosa. Esta puede ser una excelente plataforma para generar relaciones con su audiencia para que pueda continuar desarrollando sus relaciones compartidas.

Mucha gente tiende a amar u odiar Twitter, así que, si todavía no ha desarrollado una experiencia positiva con la plataforma, dese el tiempo para aprender a usarla y confíe en que una vez que la descubra, se convertirá en algo mucho más agradable. Debido a la dinámica, algunas personas consideran que es un reto ser descubiertos o escuchados en Twitter, lo cual es razonable si se considera que esta plataforma en particular funciona de manera tan diferente a cualquier otra plataforma en línea. Utilizando las estrategias que se describen en este capítulo, va a descubrir cómo puede utilizar Twitter de una manera efectiva que le permita crear un impacto más poderoso con sus seguidores.

Beneficios del uso de Twitter

Twitter es una plataforma increíblemente poderosa para cualquiera que busque conectarse más con su audiencia. Esta plataforma ha evolucionado hasta convertirse en una de las mejores plataformas de negocios para clientes, ya que permite a las empresas desarrollar relaciones significativas con su audiencia, no solo a través de la publicación, sino también participando en conversaciones reales con sus seguidores. Además, se sabe que Twitter se ha utilizado como plataforma para gestionar las consultas y quejas de los clientes que no están particularmente satisfechos con el servicio que han recibido de alguna empresa en particular. Como resultado, Twitter se ha hecho conocido como una gran plataforma para cualquiera que busque empezar a trabajar junto con su público para desarrollar un mayor impacto en su negocio e influencia.

Además de ofrecer la oportunidad de desarrollar mayores relaciones con su público, Twitter también es conocido por ser una de las plataformas más efectivas para aquellos que están interesados en crear más tráfico para sus sitios web. Las estadísticas han demostrado que el 80% de todas las personas que aterrizan en el perfil de Twitter de alguien van a hacer clic en el enlace que han proporcionado en su biografía. Esto significa que Twitter es una manera increíble de canalizar a la gente desde su perfil a su sitio web, o en cualquier otro lugar donde puedan ser capaces de aprender más acerca de su negocio y luego comprar un producto o servicio de usted.

Desarrollo de su perfil en Twitter

Dado que Twitter puede ser un elemento tan fuerte de cualquier embudo de ventas en línea, es importante desarrollar su perfil de Twitter de manera efectiva. Tiene que asegurarse de que todos los elementos de su perfil estén optimizados para que cualquiera que aterrice en su perfil pueda ver que es, de hecho, interesante para ellos. Puede optimizar su perfil de Twitter centrándose en cinco aspectos sencillos de su página, que querrá optimizar cuando inicie su cuenta por primera vez y luego mantener a medida que siga desarrollando su página.

Cuando usted lanza su página por primera vez, usted quiere mirar la perspectiva de la marca para asegurarse de que su perfil es efectivamente marcado. Querrá ajustar su nombre de usuario para reflejar su marca, actualizar la foto de su perfil a su cara o a su logo, y añadir su página web en la sección de biografía para que su público pueda ir a su página web si lo desea. Estas tres áreas básicas asegurarán que su página tiene la configuración básica requerida para manejar una gran página de Twitter en línea.

Lo siguiente que usted quiere hacer después de lanzar su perfil es actualizar su imagen de portada. Desea mantener su imagen de portada actualizada añadiendo regularmente una nueva, ya que su imagen de portada es una gran herramienta para utilizar cuando se trata de la comercialización. Muchos usuarios de Twitter presentarán su última oferta o venta en su imagen de portada, lo que permite a cualquiera que llegue a su perfil ver instantáneamente lo que tienen para ofrecer y comenzar a generar interés en esa oferta. Dado que la mayoría de las ofertas son estacionales o sensibles al tiempo, es importante prestar atención a su imagen y actualizarla con regularidad para evitar tener una imagen desactualizada en su *feed*. Si su imagen está desactualizada, es posible que tenga personas que miren hacia otro lado de su página porque parece que no está atento o que no mantiene su cuenta muy bien. Alternativamente, puede tener personas que le pidan que respete los precios de venta u ofertas desactualizadas porque usted lo ha anunciado en su página de Twitter.

Si decide utilizar imágenes de portada sensibles al tiempo que actualizará regularmente, es una buena idea anotar en su calendario la fecha en que deben cambiarse. De esta manera, se le puede recordar que es hora de crear una nueva imagen y actualizar su perfil, para evitar que su perfil se salga de temporada. Si le resulta difícil mantenerse al día, puede beneficiarse de tener una foto más genérica que pueda utilizar para no tener que actualizar su foto con tanta frecuencia. Aun así, puede que desee actualizar su imagen de portada de vez en cuando para que su página se vea fresca y nueva cuando la gente aterrice en ella.

Cuando usted diseñe la imagen de su portada, asegúrese de que la ha diseñado de manera que toda la información pueda ser vista en su perfil. Un error común que la gente comete en sus perfiles es subir imágenes que tienen información importante en la imagen de la portada que está cubierta por la imagen de perfil de la persona. Como resultado, no puede ver qué es lo que se supone que debe hacer, o cuándo se produce el evento, u otra información importante a la que necesitaría acceder para actuar sobre su información de marketing. Si no está familiarizado con el diseño de una imagen de portada, siempre puede utilizar Canva o Photoshop como plataforma para personalizar su imagen de perfil. Una vez que usted encuentre una plantilla que funcione, puede guardarla y personalizarla en cualquier momento que esté subiendo una nueva imagen a su Twitter, de modo que pueda estar seguro de que su imagen siempre será profesional y proporcionada.

Su biografía es una herramienta importante que debería utilizar para que su público sepa quién es usted, lo que tiene que ofrecer y lo que pueden esperar de usted. En Twitter, tiene 160 caracteres para escribir su biografía, así que, aunque no puede incluir mucha información aquí, puede resumir su perfil bastante bien. Su biografía puede ser personalizada de casi cualquier manera que se sienta bien para su marca única, siempre y cuando la información en ella sea clara y apoye a su audiencia en ser capaz de entender lo que tiene que ofrecer.

Algunos grandes ejemplos de biografías incluyen unos como:

- "Aventúrese en la visibilidad de la marca y construya su audiencia para que pueda construir su negocio".

- "Vendedor con amor por el arte del capuchino y un pelo increíble".

- "Ingresos de cuello blanco con alma de campesino".

- "Influencer de Marketing de Contenido #1, Estratega de Marketing de Redes Sociales y Orador, Forbes Top 10 Influencer de Redes Sociales, #1 Blog de Negocios Globales".

Tener una biografía clara e interesante le da a su público una clara comprensión de quién es usted y por qué deben seguirlo. También puede animarlos a encontrar el camino a su sitio web para que puedan reservar un servicio o comprar un producto, dependiendo de lo que usted tiene que ofrecer.

Twitter le ofrece la oportunidad de pinchar Tweets, que puede ser una valiosa herramienta si está interesado en ayudar a su público a encontrar ciertas piezas de información más fácilmente. Por ejemplo, si está realizando una venta, tiene una cita favorita, o quiere ofrecer un consejo favorito, puede usar el Tweet pinchado como una oportunidad para mostrar esa información en la parte superior de su perfil. Dado que los Tweets con pinzas tienden a obtener más compromiso que cualquier otro Tweet, usted quiere asegurarse de que el Tweet con pinzas que elija esté optimizado para su audiencia. Puede hacerlo incluyendo una imagen de alta calidad de 1024 x 512 píxeles, para evitar que se corte cualquier parte de la imagen. Si usted está dirigiendo a la gente a su sitio web, asegúrese de incluir también un enlace en el que se pueda hacer clic o una llamada clara a la acción para que la gente vaya al enlace en su biografía, y luego haga que ese enlace sea el correcto basándose en lo que le está pidiendo a sus seguidores que hagan.

Por último, si usted va a utilizar hashtags en sus Tweets, asegúrese de que está utilizando los mejores. Las actualizaciones más recientes de Twitter significan que ya no tiene que usar hashtags, ya que clasificará sus publicaciones en función de las palabras clave, por lo que usar palabras clave en sus frases es una buena idea. Sin embargo, si su actualización no puede encajar razonablemente en las palabras clave que son relevantes para su publicación, siempre puede utilizar hashtags como una forma de agregar palabras clave relevantes a sus publicaciones. El uso de hashtags garantiza que estas palabras clave puedan añadirse sin que su actualización parezca extraña o como si ciertas palabras estuvieran fuera de lugar. Por ejemplo: "¡Creando nuevo contenido de marketing hoy! #digitalmarketer" se ve mucho mejor que "¡Creando nuevo contenido de marketing hoy! Comercializador digital". Cuando utilice hashtags, no tema investigar qué hashtags populares existen en Twitter para poder empezar a utilizar hashtags que probablemente sean de tendencia, y así ganar más tracción de su público.

Una vez que haya comenzado a aplicar todas estas estrategias en Twitter, puede sentirse seguro de que su página de Twitter estará optimizada para que su público comience a seguirle y a encontrar lo que necesita de su página. Asegúrese de mantener regularmente su página publicando actualizaciones, actualizando la foto de la portada y el Tweet fijado, y manteniendo su página marcada. Si usted encuentra que su página no está recibiendo tanta tracción, o que su audiencia no está alineada con usted, es posible que desee revisar su estrategia para asegurarse de que sus actualizaciones y palabras clave son relevantes para su audiencia.

Conectarse con otros influencers

Al igual que en otras plataformas, ponerse en contacto con otros influencers es una excelente oportunidad para crecer en Twitter. Cuando se conecta con influencers en Twitter, usted puede participar en conversaciones con ellos y comenzar a desarrollar amistades con ellos y crecer junto a ellos. Sin embargo, es importante cómo hacerlo para evitar parecer ingenuo o agresivo. Recuerde: muchas personas quieren convertirse en influencers, por lo que, si no utiliza el tacto a la hora de aumentar su cuenta, se encontrará con que los influencers le ignoran y posiblemente incluso los seguidores potenciales le consideren desesperado o inauténtico. Usted quiere asegurarse de que se está acercando a cualquier influencers con la que esté interesado en conectarse utilizando un enfoque auténtico y sincero.

La mejor manera de empezar a conectar con otros influencers en Twitter es descubrir los influencers que están en su industria y que se alinean con usted. Evite tratar de conectarse con alguien con quien normalmente no se conectaría en la vida real, ya que tratar de desarrollar relaciones con personas que no le interesan particularmente puede ser un desafío. No quiera dar la impresión de ser falso a cambio de algunos *Me gusta* o seguidores, ya que esto puede comprometer su integridad y destruir su capacidad de crecer en la red. En su lugar, elija a influencers con las que realmente esté interesado en ser amigo, ya que establecer estas conexiones será mucho más fácil.

Una vez que haya identificado algunos influencers que le interesen, puede comenzar a conectarse con ellos a través de sus perfiles. Comente su contenido, vuelva a twittear sus mensajes que le gusten y conéctese con ellos de otra manera. Evite saltar directamente a su bandeja de entrada, ya que ser demasiado atrevido puede hacerle parecer desesperado y necesitado. En lugar de ello, dedique algún tiempo a participar en su contenido con regularidad y muestre su apoyo a su contenido a través de la sección de comentarios y la función de retweet. Cuando la persona empiece a comentar más, o a mostrar reciprocidad en su compromiso, puede empezar a trasladar su amistad a mensajes privados o a otro lugar. Construir su relación de esta manera demuestra que usted no es solo alguien que está tratando de conseguir un grito rápido, sino que es alguien que realmente quiere desarrollar una relación con esta persona en línea.

A medida que continúe conectando con más influencers, dese cuenta de que cuantos más seguidores tengan, más tiempo les llevará verle y reconocerle. No cuente con que los influencers con decenas de miles de seguidores y cientos de interacciones diarias sean capaces de separarlo de la multitud de inmediato. En algunos casos, puede que nunca sean capaces de separarlo de la multitud, ya que pueden ser el tipo de influencer que ha crecido hasta el punto de que simplemente no pueden seguir el ritmo de la cantidad de personas que están tratando de conectarse con ellos. Si este es el caso, tenga paciencia y siga conectando de todos modos. Nunca se sabe si eventualmente pueden llegar a usted y generar una conexión adecuada con usted. Incluso si no lo hacen, permanecer alrededor de personas que están haciendo lo que usted quiere hacer es una gran manera de mantenerse inspirado y salir ahí fuera, ya que puede ver nuevas ideas y oportunidades que surgen todo el tiempo. Además, la persona a la que le gusta el influencer que a usted también le gusta, comenzará a ver que usted se relaciona regularmente con ellos y, como resultado, le será más fácil localizarlo y seguirlo.

Investigando y retuiteando

Cuando se trata de entrar en Twitter, una gran herramienta que usted puede aprovechar es la investigación y el retweet de los mensajes de otras personas. Ambas estrategias son una excelente manera de mantenerte relevante y ser descubierto por su público, por lo que usarlas regularmente es ideal para mantenerte activo en Twitter y ser descubierto por su público. En esta sección, usted va a aprender acerca de lo que es la investigación y el retuiteo y cómo puede utilizar estos dos métodos de manera efectiva.

Investigar es una estrategia que las personas usan en Twitter para estar al día de lo que está de moda en el mundo de Twitter. Puede usar la investigación como una herramienta para aprender más sobre su industria, entender qué es lo que más le interesa a su audiencia esa semana, y hacer que la gente se descubra a sí misma saltando a las últimas tendencias. También puede usar la investigación como una herramienta para identificar cuando las tendencias están desapareciendo para que pueda saltar fuera de la tendencia antes de que se caiga al suelo y sea visto como irrelevante por su audiencia. Twitter es una de las mejores plataformas para aprender sobre las tendencias, ya que tiene una pestaña de descubrimiento llena de temas de tendencias donde usted puede descubrir qué es lo que está de moda en general, y qué es lo que está de moda en sus áreas de interés preferidas. Usted puede usar esto no solo para desarrollar contenido de tendencias para el propio Twitter, sino también para seguir siendo trending y relevante en otras plataformas también.

El retuiteo es otra gran herramienta que le ayuda a construir su contenido y ser descubierto. Puede retuitear los tweets que encuentra en su investigación y que son relevantes para su industria, para que pueda seguir siendo relevante y subirse a bordo con las últimas tendencias de Twitter. También puede volver a twittear a sus influencers favoritos como una manera de tener su cuenta asociada a la de ellos, mostrando así su apoyo mientras que también se hace ver por un público más amplio. Otra forma de usar el retweet como herramienta es retuitear a su público o a las personas que regularmente muestran su apoyo. Si sus seguidores publican algo relevante para su industria, comparten información sobre su negocio, o comparten de alguna otra manera algo interesante con lo que su audiencia pueda vibrar bien, el retweet de su tweet es una gran manera de ser visto. También fomenta la relación con su público y demuestra que es interactivo y atento, en lugar de intocable y distante. Esto puede hacer que su público se sienta más conectado con usted, lo que aumenta sus posibilidades de seguir siendo leal a usted y animar a sus amigos y familiares a que le sigan también.

Cuando usted está retuiteando como una herramienta, evite hacerlo con demasiada frecuencia. Aunque el retweet es definitivamente una gran manera de ser encontrado e interactuar con su público, también puede llevar a que tenga demasiados posts en su página que no son curados por usted. Tener demasiados posts retuiteados puede hacer que parezca que no tiene nada que decir en su favor, lo que puede hacer que su cuenta tenga una sensación diluida. Lo ideal sería que comparta un 70-80% de contenido nuevo y un 20-30% de contenido reproducido. De esta manera, puede compartir mucho y al mismo tiempo tener una voz auténtica y creada personalmente, lo que le facilita mostrar su marca a su público.

Growth Hack: Muestra del programa de publicaciones en Twitter

Una pregunta que la gente suele hacerse cuando se trata de redes sociales, particularmente en una plataforma como Twitter, donde una conversación es una herramienta poderosa, es: "¿Con qué frecuencia debería estar posteando?". Usted quiere asegurarse de que está publicando de manera consistente para que su audiencia tenga mucho contenido para consumir. Dicho esto, tampoco quiere sentir que está pasando tanto tiempo en línea que no puede alejarse y permitir que su negocio siga creciendo. Necesita asegurarse de que encuentra un buen horario para publicar, de manera que pueda mantener su cuenta activa y en crecimiento, sin pasar demasiado tiempo en línea.

La mejor manera de crear un programa de publicación es establecer un horario temático semanal, o lo que pretende hacer y publicar cada día a través de Twitter. Tener un tema para cada día y objetivos sobre cómo usted interactuará en línea diariamente puede asegurar que usted se mantenga enfocado y que tenga mucho de qué hablar en un día determinado. También puede programar el tema semanal de manera que su público se mueva con fluidez a través de las historias, de modo que su público sienta que se le está llevando en un viaje con usted, en lugar de ser bombardeado con nuevos contenidos que no parecen fluir juntos.

La forma en que elija el programa semanal dependerá de usted, aunque debe tener dos elementos para su programa: los temas de cada día y las tareas que quiere realizar cada día. Debe ajustar su agenda para incluir temas que sean relevantes para su audiencia para asegurarse de que está compartiendo de una manera que ellos reciban. Por lo demás, a continuación, se presenta una excelente muestra de cómo los programas semanales pueden verse para Twitter:

- El lunes: Tema #LunesdeMotivación; hablar de lo que le inspira; 20 minutos de interacción con el público; dos piezas retuiteadas de contenido relevante

- El martes: Tema #MartesdeConsejo: Hablar de consejos que su público puede utilizar para lograr un determinado resultado deseado; 20 minutos de interacción con el público; dos piezas retuiteadas de contenido relevante.

- El miércoles: Tema #MiércolesdeSabiduría; hablando de una lección que ha aprendido y que es relevante para su público; 20 minutos interactuando con el público; dos piezas retuiteadas de contenido relevante.

- El jueves: Tema #Juevesdetbt: Hablar de algo del pasado que sea relevante para su audiencia; 20 minutos de interacción con el público. dos piezas retuiteadas de contenido relevante.

- El viernes: Tema #Viernesflexible: Hablar de una fiesta o de algo de lo que se sienta orgulloso y que sea relevante para su público; 20 minutos de interacción con el público; dos piezas retuiteadas de contenido relevante.

- El sábado: Tema #Vibrasdesábado: Hablando de cómo pasa el día de una manera que es relevante para su público; 20 minutos interactuando con el público; dos piezas retuiteadas de contenido relevante.

- El domingo: Tema #DomingodeSelfie: Hablar más de usted mismo y presentarse a su público de manera relevante; 20 minutos de interacción con el público; dos piezas retuiteadas de contenido relevante.

Al tener un horario fácil y consistente para su experiencia en Twitter, se vuelve sencillo para usted saber lo que necesita lograr cada día para estar frente a su público. Esto no solo le ayudará a mantenerse en el camino de su crecimiento, sino que también le facilitará la planificación del contenido de cada día y la carga del mismo. Si lo desease, podría incluso utilizar un programa como Hootsuite o Buffer para preparar sus tweets con antelación, de modo que no tenga que hacer tanto en la plataforma en el día a día. De esta manera, su contenido sigue siendo subido y visto, y todo lo que tiene que hacer es ponerse en línea durante unos minutos al día para retuitear algunos tweets y compartir con su público para que el grado de compromiso se mantenga en su cuenta. Este tiempo dedicado a la participación personal le ayudará a construir relaciones en Twitter también, facilitándole la obtención de más seguidores y la construcción de relaciones de marca y lealtad.

59

Capítulo 6: Marketing en YouTube

YouTube sigue siendo una de las plataformas más poderosas del espacio online, lo que la convierte en una excelente plataforma para cualquiera que quiera desarrollar una conexión más personal con su audiencia. YouTube también es genial para las personas que están más interesadas en conectarse con su público a través del vídeo, ya que toda la plataforma se basa en el contenido de vídeo. A diferencia de otras plataformas en las que es necesario comentar regularmente el contenido de las personas y actualizar los estados para mantener la relevancia, YouTube simplemente requiere que se suban videos regularmente. Muchas marcas consideran que YouTube es una excelente vía para conectarse con su público, ya que les brinda la oportunidad de conectarse de una manera más personal. Además de proporcionar una excelente conexión cara a cara, YouTube también ofrece a las personas la oportunidad de mostrar realmente a su público algo, lo que facilita que su público vea de qué están hablando. Muchos YouTubers utilizan la plataforma para mostrar a su público nuevos productos, cómo hacer vídeos, o incluso para enseñar a su público cómo funcionan sus servicios para que puedan empezar a ser contratados por sus servicios. Hay muchas formas creativas de incorporar YouTube a una marca personal o a una pequeña empresa en línea, lo que la convierte en una plataforma muy versátil.

YouTube funciona más como un motor de búsqueda que como una cuenta de redes sociales, lo que significa que la forma en que usted interactúa en YouTube va a ser ligeramente diferente. Además, no es necesario que usted pase tanto tiempo en línea con YouTube, ya que la mayor parte de su contenido puede ser creado fuera de línea, y todo lo que tiene que hacer es subirlo y luego compartirlo para que su contenido sea visto. Para las personas que prefieren vivir sus vidas en lugar de pasar tiempo en los medios sociales, entrar en YouTube es una gran manera de construir una presencia sin tener que pasar tanto tiempo en línea.

En este capítulo, usted va a descubrir cómo puede usar YouTube de una manera que sea relevante en 2019. De esta manera, puede empezar a construir una presencia en línea a través de esta plataforma de video y hacer crecer su canal para ayudarle a generar el impacto que desea en línea. Muchas personas obtienen un ingreso masivo solo a través de YouTube, ya que los creadores de contenido tienen muchas oportunidades únicas de generar un ingreso además de sus servicios personales. Por esa razón, YouTube puede ser una excelente plataforma primaria o una para añadir a sus otras plataformas para que pueda tener un mayor alcance.

Beneficios de YouTube

Primero, echemos un vistazo a los muchos beneficios de YouTube. Muchos de los beneficios ya han sido descritos anteriormente, pero hay varios beneficios más que usted puede esperar obtener en YouTube en 2019. Un gran beneficio de YouTube es que le ayuda a captar la atención de sus seguidores, especialmente a medida que el contenido de vídeo sigue siendo más popular que nunca. En 2018, el contenido de video aumentó su popularidad hasta el punto de que superó a la mayoría de los otros tipos de contenido en cuanto a lo que era más probable que diera resultados. El contenido de video es particularmente interesante para las personas en el mundo moderno porque disfrutan viendo el contenido y viendo a las personas en acción, y escuchando las voces de las personas. Además, YouTube permite crear contenido que puede verse o escucharse mientras la gente hace otras cosas, lo que facilita que esas personas consuman su contenido mientras siguen haciendo cualquier otra cosa que hagan en su vida también. Este tipo de contenido consumible pasivo también facilita que las personas lo incluyan en sus vidas diarias sin tener que pasar tanto tiempo en línea.

Otra gran cosa de YouTube es que, como está diseñado como un motor de búsqueda, usted puede mantener su contenido actualizado y que lo encuentren durante años después de su publicación original. Esto significa que su contenido dura mucho más tiempo y tiene una mejor vida útil que el contenido de las cuentas estándar de redes sociales. Para las personas que desean poder publicar una vez y hacer que se cree un buzz continuo, YouTube es una excelente plataforma. Muchas personas harán un video de alta calidad y lo compartirán en múltiples intervalos relevantes a lo largo del futuro, lo que lo convierte en una excelente manera de llamar la atención hacia partes más profundas de su canal.

YouTube es también una de las únicas plataformas que puede usar para que un video se vuelva viral. La mayoría de las veces, el contenido en vivo o desarrollado en una aplicación nativa no se hará viral porque simplemente no está diseñado de manera que lo permita. En YouTube, sin embargo, el contenido puede volverse viral porque es más fácil de compartir en múltiples plataformas y, por lo tanto, de ser visto por múltiples usuarios. Muchos de los videos que se han vuelto virales en línea hasta la fecha son de YouTube, lo que significa que esta es la mejor oportunidad de volverse viral.

Por último, la puesta en marcha de su canal de YouTube puede permitirle trabajar en sus otras estrategias de marketing para que pueda tener un impacto aún mayor en la red. Por ejemplo, los vídeos de YouTube pueden ser utilizados en campañas de marketing por correo electrónico, compartidos a través de otras plataformas, e incluso ofrecidos de forma gratuita para animar a la gente a optar por su canal. ¡También puede ofrecer los vídeos de YouTube como parte de su contenido privado o de pago si desea hacer una plataforma de membresía basada en vídeos, que es cada vez más popular en el espacio en línea! Evidentemente, YouTube tiene muchos beneficios, por lo que entrar en YouTube es una gran idea para ayudar a construir su marca si se encuentra con que es el tipo de persona que disfruta filmando y compartiendo contenido basado en video.

Desarrollando su canal

YouTube se basa en gran medida en compartir videos, por lo que los videos en sí mismos van a ser la mayor manera de generar un zumbido en su canal de YouTube. Dicho esto, cuando la gente lo encuentre en YouTube, va a querer tener la oportunidad de aprender más sobre quién es usted y decidir si realmente es un canal al que quieren suscribirse. Tener un canal de YouTube de alta calidad y con una buena marca también es una gran manera de ofrecer un centro de atención para que su público aterrice cuando encuentre su página, de modo que puedan tener una idea de quién es usted. Este canal de marca puede ayudarles a encontrar más vídeos, o incluso ayudarles a encontrarlo en cualquier otro lugar de la red para que se conviertan en sus fieles seguidores en la red. Tener su canal de YouTube debidamente marcado y optimizado para sus seguidores es una herramienta simple y poderosa para que su público se beneficie.

Para ayudarle a desarrollar eficazmente su canal de YouTube, va a tener que mirar su canal como si fuera un suscriptor potencial. Una gran manera de tener una idea de lo que hace que un canal sea genial es mirar algunos de los canales de moda que ya existen y comenzar a tener una idea de cómo han sido diseñados y lo que piensa acerca de los diseños que ya han sido creados. Esta es una gran manera de entender cómo funciona el desarrollo de la marca en YouTube y de saber qué tipo de marca desea emplear en su canal.

Una vez que usted ha tenido una idea de cómo se ve una cuenta de YouTube con marca, puede comenzar por marcar la suya. En primer lugar, usted quiere comenzar su cuenta como una cuenta de negocios con marca creando un nombre de canal que refleje su negocio. El nombre del canal puede ser su nombre personal o puede ser su nombre de marca. Sin embargo, debe coincidir con el nombre profesional que utiliza para dirigir su marca, de modo que la gente sepa qué buscar cuando desee buscarle en YouTube. Una vez que haya elegido el nombre de su canal, también querrá elegir un icono de canal. El icono que elija también deberá ser el icono de su cuenta de Google, ya que las dos cuentas están vinculadas, así que asegúrese de que el icono del canal que elija sea uno que también pueda utilizar para su cuenta de Google; idealmente, debería utilizar el logotipo de su marca o una foto profesional de su rostro para asegurarse de que mantiene la identidad de su marca clara para cualquiera que pueda estar intentando descubrir su perfil. Por último, debe crear una imagen de encabezado para su canal, que a menudo se denomina simplemente "arte de canal" en YouTube. El arte de canal se puede hacer fácilmente en Canva, y todo lo que usted necesita hacer es diseñar el arte para que refleje su marca. Algunas personas pondrán el nombre y el logo de su canal en el arte de su canal, y otros harán temas de temporada en su arte para mantener sus canales actualizados y atractivos para su público.

Una vez que haya actualizado estos elementos básicos de su página, querrá revisar la información más detallada de su perfil. Lo más importante que desea hacer aquí es ir a su página "Acerca de mí" y comenzar a llenar la información sobre su negocio. Esta es una excelente oportunidad para que le dé a sus seguidores alguna información sobre quién es usted, qué tiene para ofrecer y por qué deberían seguirle. Aunque no todo el mundo leerá esta página, el hecho de tenerla disponible es una gran oportunidad para dar a su público algunos antecedentes sobre quién es usted y darles la oportunidad de seguirle en otros lugares, o encontrar dónde pueden hacer negocios con usted si usted ofrece productos o servicios. Como todo, su página "Acerca de mí" debe ser informativa, interesante y atractiva si va a ser capaz de hacer que la gente la lea y luego tome medidas al respecto.

La mejor manera de crear una atractiva página "Acerca de mí" es ser descriptivo y al grano. Evite crear una página que sea abrumadora o que esté llena de demasiada información sin importancia para su público, ya que esto le impedirá que alguien la lea. En su lugar, concéntrese en lo que va a ser importante para su público y vaya al grano rápidamente dentro de las primeras dos o tres frases. Debe utilizar estas frases para llamar a su público objetivo, para lanzar el valor de su canal y para describir su canal a las personas que están considerando seguirlo. De esta manera, la gente sabrá instantáneamente de qué se trata y qué tiene para ofrecer. A medida que redacta su página, también debería considerar el uso de palabras clave de forma natural para que su canal se posicione más alto en el ranking de SEO, sin dejar de ser genuino e impactante.

Un gran ejemplo de una página "Acerca de mí" está en el canal de hipnosis de Michael Sealy:

"Hipnosis" - "Hipnoterapia" - "Meditación guiada" - "Relajación del sueño

Hola, me llamo Michael y bienvenidos a mi canal, donde espero que puedan pasar para relajarse, escuchar y ver por sí mismos el poder de la hipnosis positiva.

La hipnosis es un estado completamente natural de relajación y atención enfocada, donde las sugerencias positivas pueden ser más fácilmente aceptadas por nuestras mentes subconscientes. Imagine un fantástico y tranquilo estado de ensoñación, ¡y eso está muy cerca de la hipnosis!

La hipnosis puede traernos un mejor autocontrol, elecciones de comportamiento más claras y poderosas, y nos permite escuchar nuestros mejores recursos internos. Muchas personas experimentan una profunda sensación de calma y serenidad durante la meditación hipnótica y a menudo se sorprenden gratamente al ver los resultados continuos que mejoran la vida.

Muchas gracias por su apoyo, siéntase libre de suscribirse y comentar sus grandes resultados, y confío en que se beneficiará del tiempo que pase con la hipnosis positiva.

Paz y disfrute".

Esta descripción está bien redactada, ya que es interesante, proporciona una clara experiencia sensorial para el público de Michael y crea una clara "llamada a la acción", que consiste en suscribirse a su canal, ver sus vídeos y comentar sus comentarios. La creación de este claro llamado a la acción es una gran oportunidad para animar a cualquier persona que lea su descripción a que empiece a participar en su página si se siente atraído por el tipo de contenido que está compartiendo. Si usted es un influencer o alguien con una oportunidad de negocio, también podría incluir su sitio web o su dirección de correo electrónico como parte de su llamada a la acción para que la gente pueda empezar a hacer negocios con usted.

Además de su página "Acerca de mí", también debe considerar el diseño de la página en sí. Preste atención a ciertas características como sus listas de reproducción y la comunidad, ya que son dos herramientas valiosas que puede utilizar para mejorar la experiencia de sus suscriptores. Las listas de reproducción pueden utilizarse para organizar los vídeos en función de las categorías populares para las que se filma, de modo que el público pueda encontrar más fácilmente el contenido que busca en la página. Las listas de reproducción no solo son una excelente forma de crear una oportunidad más fácil para que su público encuentre sus vídeos, sino que también ayudan a los nuevos suscriptores a conocer mejor todo lo que ofrece a su público. De esta manera, pueden explorar su canal y descubrir fácilmente todo lo que tiene para ofrecer.

Creando su estética

Además de construir la estructura de su canal de YouTube, también necesita comenzar a crear la estética de su canal de YouTube. La estética es esencialmente la combinación de la foto de su perfil, el arte del canal, el tráiler del canal y las fotos de la portada que utiliza para su página de YouTube. Usted quiere que todo esto coincida para poder generar una imagen general que esté en la marca y bien diseñada, lo que hace más fácil que su audiencia vea lo que usted es y decida instantáneamente si se sienten atraídos o no por su canal.

Ya ha determinado el icono de su canal y el arte del canal; ahora es el momento de empezar a crear el resto de la estética de su canal. Aquí, usted quiere comenzar a crear una estética que le permita generar una apariencia uniforme, pero sin crear una página que sea increíblemente aburrida o poco interesante. Si su canal es demasiado uniforme, la gente pensará que no es interesante porque todo se ve igual, lo que puede reducir significativamente su audiencia. Desea que su canal esté organizado con las imágenes de su marca de manera que cada video se vea único e interesante, sin dejar de tener similitudes. Una herramienta común que la gente utilizará al crear la imagen de portada de un vídeo es hacer que la propia fotografía cambie mientras se presenta la información del canal y el título del episodio en el mismo formato para que haya similitudes en su página. Esta es una excelente manera de crear una imagen única y vender cada video a su público, manteniendo al mismo tiempo una apariencia uniforme y de marca. Usted debe tratar de mantener esto mismo a través de todos sus videos en toda su página, a menos que usted está planeando en la renovación de la marca y el diseño de una nueva estética.

El tráiler de su canal es otra excelente oportunidad para ponerle marca a su página y comenzar a compartirla con su público. Cada canal de YouTube tiene el espacio para alojar un tráiler del canal, lo que esencialmente da a los potenciales suscriptores la oportunidad de tener una idea de quién es usted, lo que tiene que ofrecer y por qué deberían empezar a seguirle. Usted desea mantener el tráiler de su canal actualizado para asegurarse de que la información es relevante y correcta y que está compartiendo contenido interesante con su público creciente.

Es importante que cuando usted filme el tráiler de su canal, lo haga con la intención de representar su marca. Su tráiler debe ser de menos de 40 segundos, atractivo, interesante y directo a la hora de decirle a su audiencia qué esperar cuando aterricen en su página. Hay muchas maneras de filmar un tráiler de alta calidad, así que tendrá que decidir qué desea para su página y a qué será más receptivo su público. Lo ideal es que dedique esos 40 segundos a presentar su personalidad y a enganchar a la gente al contenido de su canal para que empiecen a entender inmediatamente de qué trata su canal. Si nunca antes ha visto un tráiler de YouTube, puede beneficiarse al mirar canales similares para que pueda tener una idea de cómo han aprovechado el tráiler de su canal para apoyarlos en la obtención de más suscriptores. Esta es una excelente oportunidad para comprender cómo debe hablar, qué debe decir y qué contenido específico debe añadirse a su tráiler. Para algunos canales, los tráileres incluyen una introducción y algunas charlas seguidas de clips cortos de otros videos, y para otros, es solo una toma limpia de la cara de alguien mientras habla con la cámara. Tendrá que encontrar lo que mejor le funciona desde el punto de vista estético en función de lo que ofrece a su público y de lo que éste busca.

La parte final de la estética de su canal es considerar la calidad de sus videos. Cuando se trata de desarrollar videos para YouTube, crear contenido de baja calidad no le ayudará a ganar un público. Usted quiere asegurarse de que está creando un contenido que realmente compita con lo que todos los demás están creando. Esto significa que necesita estar filmando en al menos 1080p, aunque sería preferible filmar en 4K, ya que la mayoría de los dispositivos pueden filmar y ver en 4K en estos días. También debe asegurarse de que el contenido que se está filmando es de alta calidad. Evite filmar cualquier contenido que se esté filmando con poca luz, con un fondo desordenado o con cualquier otra cosa que pueda hacerlo descuidado. Usted debe tomar sus videos en serio para que la gente lo tome en serio cuando vea su canal. Si usted no está creando contenido de alta calidad, las personas van a encontrar que su canal no es tan interesante para ver como los canales de otras personas porque carece de una estética de alta calidad. En lugar de ver su contenido, comenzarán a ver el contenido de aquellos que se han tomado el tiempo de crear conscientemente un fondo de alta calidad con una iluminación excepcional y películas de alta calidad.

Además de obtener la película original en mayor calidad, también puede beneficiarse de aprender a editar sus vídeos para hacerlos aún más atractivos. Aprender a ajustar el sonido para que sea nítido, a arreglar la iluminación según sea necesario y a agregar títulos o texto es importante para ayudarte a crear un video de mayor calidad. Si usted es nuevo en la edición de películas, utilice una aplicación sencilla como iMovie o Pinnacle Studio. Ambos programas son excelentes para ayudar a los camarógrafos a crear vídeos de mayor calidad para su público, de modo que éste pueda disfrutar aún más de la película. Si no está seguro de cómo editar películas, siempre puede utilizar los sencillos tutoriales de YouTube para ayudarle a empezar. Examine también otros canales profesionales de YouTube para ver cómo han editado su contenido para que pueda empezar a comprender cómo son las ediciones de películas de alta calidad, lo que también puede inspirarle a editar su contenido de forma eficaz.

Aumentando la audiencia de su canal

Hay muchas maneras de hacer crecer su canal en YouTube, así que tal vez quiera tomarse su tiempo y practicar la comprensión de cada una de estas estrategias para asegurarse de que está obteniendo el mayor crecimiento posible de su canal. Al principio, el uso de todas estas estrategias puede ser intimidante, especialmente si no está acostumbrado a crecer en una plataforma de motores de búsqueda. A medida que empiece a utilizarlas con mayor frecuencia, estas estrategias le resultarán más fáciles y se encontrará creciendo sin esfuerzo, de modo que podrá ganar aún más seguidores y, como resultado, aún más clientes potenciales para su marca.

Lo primero que usted quiere hacer cuando está en el proceso de ganar nuevos seguidores es desarrollar sus videos alrededor de una sola palabra clave. Dado que YouTube es un motor de búsqueda, y los motores de búsqueda prosperan a partir de palabras clave, la elección y la implementación de una sola palabra clave puede ayudar cuando se trata de ser descubierto por el algoritmo del motor de búsqueda. Si no está seguro de cuál debería ser su palabra clave, el uso de una herramienta de palabras clave como Google Keywords es una forma efectiva de aprender qué palabras clave son relevantes para su industria y de qué quiere saber más el público. Esto no solo es efectivo para la porción de SEO *(optimización de motores de búsqueda)* del crecimiento de su canal, sino que también puede ser utilizado para ayudarle a obtener inspiración sobre qué tipo de contenido debería estar filmando más.

También es importante que todo el contenido que cree sea de alta calidad, ya que la gente quiere ver contenido de alta calidad en YouTube. Si usted filma algo y más tarde decide que la calidad del contenido podría ser mayor, no tenga miedo de renovar ese contenido para poder compartir una versión actualizada del mismo. Cuanto más se concentre en crear contenido de mayor calidad, incluyendo contenido que se vea mejor y que ofrezca más información interesante, mejor crecerá su canal. Recuerde: las personas no están viendo sus videos por nada; están viendo sus videos porque son interesantes o porque fueron cautivados por algo que usted compartió. Busque siempre nuevas formas de aumentar la calidad de su contenido para poder mejorar regularmente su canal y hacer que su audiencia regrese por más. Al igual que con otras plataformas de medios sociales, siempre hay nuevas formas de compartir en YouTube, por lo que mantenerse al día con las últimas tendencias de la plataforma y su nicho es una excelente manera de asegurarse de que está mejorando regularmente para servir a su público.

Otra gran manera de empezar a desarrollar su canal es promocionándolo en otras plataformas. Encontrarse en el propio YouTube funciona mejor si usted ya tiene muchos puntos de vista y popularidad en cada video, así que no tenga miedo de construir otras plataformas y compartir su contenido allí para aumentar la cantidad de tráfico que se dirige a su canal de YouTube. Si usted desea que su canal de YouTube sea su plataforma principal, siempre puede configurar una función de estilo embudo donde todas sus otras plataformas de medios sociales, de una manera u otra, lleven a su audiencia a su canal de YouTube. Aprenderá más sobre la construcción de embudos en el capítulo 8.

Por último, no tenga miedo de comprometerse con su público y hacerles peticiones. Alojar regalos en su canal de YouTube es una gran manera de animar a la gente a comenzar a comentar sus videos. También puede alentar los comentarios simplemente haciendo preguntas en sus videos y solicitando a las personas que dejen sus preferencias en los comentarios para que usted pueda revisarlos y leerlos más tarde. También puede utilizar este mismo tipo de diálogo para animar a la gente a seguir su canal o ir a ver otros vídeos que haya hecho y que puedan disfrutar. Crear este diálogo de ida y vuelta con su público no solo es una excelente manera de llevarlos a su canal, sino que también crea una experiencia más agradable y amistosa para que su público la siga. Además de crear el diálogo en los propios vídeos, no tema entrar en la sección de comentarios y empezar a comentar a su público cuando comenten los vídeos. Este tipo de conexión es una gran oportunidad para que usted comience a aumentar ese diálogo de ida y vuelta y a tener conexiones aún más positivas con su audiencia.

Además de fomentar el compromiso con su contenido, no tenga miedo de comprometerse con el contenido de otras personas también. Recuerde: YouTube aún se considera una forma de red social, así que aumentar sus conductas sociales aquí es una gran manera de crecer. Encuentre canales que resuenen bien en su industria y que tengan contenido que le guste y no tenga miedo de dejar comentarios sobre su contenido y comprometerse con ellos. Esto no solo le permitirá ser visto más, sino que también puede comenzar a establecer las bases para conexiones positivas dentro de su industria. Para muchos canales de YouTube, esta es una excelente oportunidad para que la gente empiece a colaborar para poder generar aún más éxito en sus carreras en YouTube. De esta manera, no solo se obtiene acceso a su propia audiencia, sino que también se obtiene acceso a la de ellos, y ellos obtienen beneficios mutuos de esto también.

Growth Hack: Calendario de publicación

Una gran estrategia que puede usar para hacer crecer su canal de YouTube es desarrollar un programa de publicación consistente. Piense en su canal como un verdadero canal de televisión: las personas empiezan a esperar que los programas se suban a una hora determinada, ya que esto les da la posibilidad de confiar en el momento en que el nuevo contenido estará disponible. Por eso las personas invierten tanto en los programas de televisión porque saben que valdrá la pena, ya que están interesados en el contenido y saben que habrá más disponible, y cuándo. Lo mismo ocurre con su canal de YouTube: quiere tener un contenido interesante que se suba en un horario fiable para que su audiencia sepa cuándo esperar nuevos contenidos de usted. Este programa no solo debe ser desarrollado para usted, sino que también debe estar disponible para su público para que sepa qué esperar de su canal.

La mayoría de los grandes canales darán a su público información sobre su horario de subida al principio y al final de cada vídeo, e incluso pueden llegar a incluirla en su página "Acerca de mí" para que su público sepa qué esperar. Lo ideal es que intente subir una o dos cosas nuevas por semana, ya que así se asegura de tener un montón de contenido nuevo disponible para que su audiencia lo vea. A medida que su canal crezca, se dará cuenta de que no solo tiene nuevo contenido que se está viendo, sino que la gente vuelve a ver su antiguo contenido para poder disfrutar de las otras cosas que ha hecho. Si alguna vez desea aumentar sus tasas de crecimiento, siempre puede volver a compartir los videos antiguos con sus otras cuentas de medios sociales para comenzar a recibir más tráfico hacia ellos. Esto también le da a su público el incentivo de comenzar a ver su contenido antiguo para que puedan obtener la otra información valiosa que ya ha subido a su canal.

A medida que su canal crece, puede que descubra que necesita subir tres o cuatro vídeos por semana para mantenerse al día, si realmente quiere acelerar su crecimiento. Cuanto usted suba más contenido, más tendrá que consumir y disfrutar su audiencia. Dicho esto, asegúrese de nunca aumentar la frecuencia de publicación a algo más alto de lo que pueda manejar razonablemente, ya que tener algo demasiado alto puede ser abrumador y puede resultar en que usted se queme y luche por mantener el crecimiento de su canal.

Capítulo 7: Blogging para SEO

El blogging es una forma increíble de crecer en el espacio online, ya que le ofrece una excelente plataforma para compartir con su audiencia. A diferencia de otras plataformas de redes sociales en las que solo se comparten las actualizaciones de estado, el blogging permite profundizar en lo que se piensa o en qué tema se quiere compartir. El blogging se puede comparar con YouTube, excepto que en lugar de tener vídeos sobre el contenido que quiere compartir, puede tener publicaciones más largas sobre el mismo. Los blogs son una excelente oportunidad para que comience a compartir su información, pensamientos y opiniones con su público de una manera duradera y fácil de consumir. Dado que los blogs se archivan, siempre puede volver a consultar las entradas antiguas del blog para compartir el contenido con su público cuando considere que el contenido es relevante, lo que hace que ser un blogger sea algo muy poderoso. El contenido que escribe siempre se puede reutilizar, actualizar y compartir de nuevo, lo que significa que todo lo que escribe puede tener un valor duradero.

En lo que respecta a los blogs, hay un área de preocupación muy importante que debe tener en cuenta cuando se trata de desarrollar un blog que crezca: no quiere verter toda su energía en el desarrollo de un blog, solo para que nadie lo encuentre porque no ha tenido en cuenta el elemento de optimización de motores de búsqueda del blog, también conocido como SEO. Para que pueda hacer crecer su blog de manera efectiva y que la gente lo encuentre, el SEO debe ser considerado para que pueda crecer rápidamente. Es probable que haya oído hablar de la frase SEO antes, pero es posible que no sepa cómo puede aprovechar el SEO para desarrollar su blog de manera efectiva y comenzar a ver más tráfico de paso. En este capítulo, vamos a analizar el desarrollo de un blog, así como el desarrollo del SEO de un blog para que pueda empezar a funcionar de inmediato, en lugar de soltar sus publicaciones en una habitación llena de grillos.

Beneficios del Blogging

Cuando usted utiliza el SEO de manera efectiva en su blog, el SEO en sí se convierte en uno de los mayores beneficios de su blog. Escribir un blog con SEO significa que su sitio web es más fácil de descubrir en los motores de búsqueda, lo que significa que es más probable que el tráfico pase por su página, lo que significa que además de leer sus publicaciones, sus visitantes también tendrán más probabilidades de encontrar sus ofertas. Esta es una excelente oportunidad para aumentar el buzz alrededor de su marca y crear una plataforma más tangible para que su audiencia interactúe con ella.

Otro gran beneficio de los blogs es que pueden ser monetizados de muchas maneras. Desde anuncios y publicaciones patrocinadas hasta la oferta de productos o servicios reales en su sitio web, hay muchas maneras de aprovechar un blog para ayudar a hacer crecer su negocio. Muchas personas ganan más de 1.000 dólares al mes escribiendo un blog estrictamente a través de anuncios y publicaciones patrocinadas, lo que lo convierte en una excelente opción para desarrollar un ingreso pasivo en línea.

Si usted ya tiene un negocio desarrollado y ya está vendiendo productos y servicios, escribir un blog lo ayuda a convertirse en una figura de autoridad establecida en su industria. Lo ideal es que alguien que sabe lo suficiente para escribir sobre todo lo que sabe desde una posición de experto pueda ser considerado un experto. Después de todo, si usted sabe lo suficiente como para educar a la gente de manera regular, debe saber mucho para poder enseñar y educar a la gente sobre los productos o servicios de su industria también. Esto le da credibilidad y le facilita empezar a vender sus productos y servicios a su público, ya que pueden ver que usted está claramente educado en su industria y que sabe lo suficiente para guiarlos a través del proceso de compra.

Plataformas de blogging que debería utilizar

Hay algunas plataformas excelentes que puede usar para ayudarle a comenzar su blog en línea. ¡Estas plataformas, o anfitriones de sitios web, son plataformas que puede utilizar para comenzar a compartir las publicaciones de su blog con su público para que pueda empezar a crecer su blog real! Usted quiere elegir una plataforma que va a ser rentable, fácil de navegar, y capaz de ayudarle a optimizar su SEO para que pueda aumentar sus posibilidades de ser descubierto en los motores de búsqueda como Google o Yahoo!

Si está buscando una plataforma que pueda personalizar y desarrollar completamente usted mismo, o que un profesional lo haga por usted, WordPress es el mejor camino a seguir. Un sitio web de WordPress es una excelente plataforma que puede usar para ayudarle a comenzar su blog, ya que le permite personalizar cada uno de los elementos de su blog utilizando códigos como HTML o JavaScript. Si no está familiarizado con la codificación, siempre puede utilizar una plantilla ya preparada y fácil de personalizar para desarrollar su sitio web. También puede contratar a un desarrollador que le ayude a desarrollar su sitio web de WordPress para que pueda centrarse simplemente en escribir y subir las entradas del blog a su plataforma. Dependiendo del camino que tome, WordPress puede costar entre 100 y más de 2.500 dólares para empezar. Esto significa que casi cualquier persona con cualquier presupuesto puede conectarse y desarrollar su blog para poder empezar a escribir un blog de alta calidad para sus seguidores.

Si busca algo que pueda desarrollar por su cuenta, pero no quiere preocuparse por el uso de la codificación o algo así, siempre puede considerar un servicio de alojamiento web más sencillo como

Squarespace, Wix o Weebly. Estos son sitios web del tipo "haga clic y cree", en los que simplemente elige una plantilla y luego ajusta su configuración para que su plantilla se vea más acorde con su marca personal. El beneficio de estos sitios web es que aún puede tener un nombre de dominio personalizado, dándole todos los grandes beneficios de tener su propia plataforma para trabajar. De esta manera, usted puede tener un software de desarrollo web fácil de usar al alcance de su mano, además de todos los beneficios profesionales de sus servicios de alojamiento.

Hay otros servicios disponibles en línea, como el Medium, aunque no son ideales si lo que se busca es generar un ingreso a partir de su blog. Las plataformas como Medium le permiten contribuir a una plataforma de tipo social que permite a muchos contribuyentes subir las entradas del blog a la plataforma. Debido a su funcionamiento, usted terminará teniendo todo su tráfico en Medium, en lugar de en su plataforma, lo que puede reducir significativamente su capacidad de ganar fondos a través de su blog. Si desea utilizar Medium, puede considerar utilizarla como una plataforma secundaria en la que puede cargar publicaciones de blog y luego llevar a las personas a su blog personal a través de estas publicaciones. Evite cargar todo en su cuenta de Medium para que proporcione a las personas un incentivo para visitar su blog personal y comenzar a ver de qué se trata. De esta manera, puedes usar Medium como un embudo de medios sociales, en lugar de un anfitrión de blog real.

Creando un contenido valioso

Si no está creando un contenido valioso y de alta calidad, puede garantizar que nadie va a venir a su página. La gente no está interesada en leer contenido regurgitado o no inspirado que han visto en otros mil blogs antes del suyo. Si usted comienza a crear contenido de baja calidad que está lleno de información sin importancia, irrelevante o desactualizada, sus seguidores comenzarán a creer que usted no es un experto sino un seguidor, lo que puede disminuir su credibilidad. Recuerde: usted explicó por qué era tan único antes en este libro por una razón: ¡para que pueda vender su singularidad! No tema traer a esa persona única a su blog para que la gente pueda realmente sentir cómo y por qué es diferente, mientras que también consume contenido que es, por lo menos, presentado de una manera nueva y fresca.

La creación de un contenido valioso se reduce a cinco elementos diferentes: el tema central, la escritura en sí, el título, los extractos y los gráficos que elija utilizar. También puede utilizar enlaces dentro de sus mensajes para aumentar la calidad de su contenido, dependiendo de lo que esté tratando de lograr con su público. Si tiene en cuenta estos cinco elementos en cada una de las entradas del blog, podrá asegurarse de que está creando una entrada de blog de alta calidad en todo momento. A continuación, exploraremos la forma en que cada una de las cinco entradas funciona en conjunto para ayudarle a desarrollar un contenido increíble que a su público le encantará consumir, compartir y volver a buscar.

Tema central

El tema central sobre el que usted elige escribir en cada entrada del blog debe ser claro e identificado antes de empezar a escribir nada. Cuanta más claridad tenga en torno al tema de la entrada del blog, más fácil le resultará proporcionar un contenido claro y de alta calidad a su público, ya que sabrá dónde debe centrarse. Puede identificar un tema central considerando lo que es importante para su público en ese momento, lo que está de moda y las palabras clave que más se están buscando en la actualidad. Reducir el tema central a una sola palabra clave es una gran oportunidad para comenzar con algo que es increíblemente claro. Esto también le permite aprovechar las palabras clave en su SEO, ya que el SEO prospera en el uso de palabras clave en el contenido para que los motores de búsqueda puedan decir si su contenido es relevante o no. Cuando se le ocurra una idea para un tema, utilice una herramienta de palabras clave como Google Keywords o Keyword.io para ayudarle a identificar las palabras clave que están de moda en ese tema para que pueda tener muy claro de qué es lo que va a hablar. Si utiliza una plataforma como WordPress para desarrollar su blog, asegúrese de utilizar un plugin de

SEO e introduzca su palabra clave en ese plugin para que pueda medir lo bien que está aprovechando su SEO en la plataforma. Si no es así, siga los pasos que se indican a continuación para asegurarse de que sus publicaciones sean compatibles con el SEO.

La escritura

La escritura en sí debe ser de alta calidad para evitar errores de ortografía o gramaticales. Aunque algún que otro error se le escape, su contenido debe ser bastante limpio y profesional para asegurar que la gente se dé cuenta de que no está simplemente juntando cosas y poniéndolas en Internet para ser leídas. Recuerde: usted quiere parecer un profesional y presentar su marca de manera profesional, así que considere que su trabajo es escribir un contenido de alta calidad y también editarlo de manera efectiva.

Cuando se trata de dar formato al contenido, lo ideal es utilizar encabezados cada 300-400 palabras para asegurarse de que el contenido esté dividido de manera que sea más fácil de leer. También es conveniente que las frases sean bastante cortas, de unas 20 palabras o menos, y los párrafos cortos, de unas tres o cuatro frases. Mantener las entradas de su blog en estos formatos más pequeños hace que sean más fáciles de leer en los dispositivos móviles, que representan una gran parte de sus lectores en muchos casos. Cuanto más fácil sea la lectura de sus entradas, más probable es que la gente esté dispuesta a leer su contenido y a volver a leer más.

Cuando se trata de la parte de la escritura de SEO, usted quiere mantener su palabra clave en uso de manera bastante consistente a lo largo de su publicación. Lo ideal sería que mencionara su palabra clave lo suficiente como para representar aproximadamente el 2-3% de su publicación, ya que esto asegura que la está mencionando lo suficiente como para mantenerla relevante, pero no tanto como para abrumar al SEO para que piense que su publicación es spam. Esto significa que debería mencionar su palabra clave de 30 a 45 veces en una entrada de blog estándar de 1.500 palabras, y absolutamente no menos de 15 veces. Recuerde, cuando se trata de palabras clave de SEO, tiene que usar la misma variación de la palabra a lo largo del post para que cuente. Así que, si su palabra clave es "cocinar", entonces debe usar la palabra "cocinar" para contar entre el 2 y el 3% del total de palabras. "Cocinar", "cocinado", "cocinero", y otras variaciones de la palabra no contarán en el recuento total de palabras de la palabra clave.

El título

El título que utilice para su entrada de blog puede ser optimizado por SEO, pero también puede ser optimizado para captar la atención de la gente, de modo que sea más probable que la gente haga clic en el enlace de su entrada de blog y comience a leerlo. Hay tres cosas que debe tener en cuenta al crear un título para su entrada de blog: la longitud del mismo, el uso de su palabra clave y lo interesante o atractivo que es el título. Debe asegurarse de que está incorporando estos tres elementos en el título de su entrada de blog para garantizar que sea atractivo y que haga que su entrada se convierta en un éxito en los resultados de SEO. Lo ideal es que el título de una entrada de blog tenga unos 40 caracteres de longitud, ya que es lo suficientemente largo como para proporcionar información sobre lo que hay en la entrada, pero no tanto como para que corte parte del título de la pantalla cuando la gente esté buscando la entrada. Debe asegurarse de utilizar la palabra clave una vez en el título del blog, preferentemente al principio del título, y lo ideal es que sea la primera palabra del título. Por lo tanto, si su palabra clave es "empáticos" y estaba hablando de qué tipos de cristales deberían usar los empáticos, querría que su título fuera algo como "¡Los empáticos necesitan estos 5 cristales!" o algo similar. Este título de muestra incluye la palabra clave, un número apropiado de caracteres y palabras, y es lo suficientemente cautivador como para animar a la gente a abrir el post y empezar a leer lo que ha escrito.

Sus extractos

Los extractos se muestran a menudo en la página principal de su blog, o en la página de búsqueda, así como en las plataformas de medios sociales en las que compartirá su publicación para animar a la gente a leerla. Lo ideal es que el extracto sea de la propia entrada del blog, para que la gente pueda saber qué es lo que leerán de su contenido. Dicho esto, usted debe escribir sus entradas con la intención de tener al menos 2-3 frases de cada entrada que se utiliza como el extracto de sus estrategias de marketing de blog. Este extracto debe ser interesante, debe aludir al contenido que estará dentro, y debe usar su palabra clave una vez para que pueda tener esa palabra clave disponible en su página. De esta manera, puede utilizar este extracto en toda la red para animar a la gente a que empiece a leer su blog y a prestar atención a sus publicaciones.

Los gráficos

Todos los blogs deberían tener gráficos, idealmente los que se colocan sabiamente para que el blog sea más atractivo para el ojo humano. Para los humanos, intentar leer demasiadas palabras consecutivas puede ser estresante, ya que a menudo comenzarán a perder su enfoque y a luchar por leer y comprender todo lo que se ha escrito. Romper su post con dos o tres imágenes relevantes es una gran oportunidad para hacer el post más atractivo para que la gente disfrute leyéndolo. Estos posts también pueden diseñarse para compartir en Pinterest o utilizarse para compartir como los gráficos de los posts de las redes sociales cuando usted está compartiendo el post en sí. De esta manera, se convierten en una herramienta de marketing para la entrada de su blog.

Enlaces (Opcional)

Cuando se trata de crear posts amigables para el SEO, tener tanto enlaces internos como externos es una gran oportunidad para aumentar la calidad de su post y maximizar la cantidad de crecimiento que obtiene con su página. Lo ideal es que publique al menos un enlace interno y uno externo por cada entrada, ya que esto guía a la gente por su blog y por Internet en general. Este tipo de intercambio de enlaces lleva a los motores de búsqueda a creer que está compartiendo un contenido de alto valor del que su audiencia puede beneficiarse, lo que aumenta sus probabilidades de ser encontrado. Puede utilizar enlaces internos para vincular a su público con publicaciones anteriores o para atraerlos a su página de servicios, y puede utilizar enlaces externos para atraerlos a sus plataformas de medios sociales, a otros blogs o a otros recursos de los que crea que pueden beneficiarse.

Guía de frecuencia de publicación

Publicar en un blog es algo que necesita hacer de manera consistente para asegurarse de que su público tiene mucho contenido para consumir. Lo ideal es que se concentre en publicar al menos dos o tres veces por semana para que haya suficiente contenido para que su público lo consuma regularmente. A muchos bloggers les gusta tener un calendario de contenido que les permita saber en qué día subirán cada semana para que haya coherencia con su estrategia. De esta manera, los bloggers saben cuándo escribir y permanecer consistentes, y su audiencia sabe cuándo pueden esperar que salga nuevo contenido. Dicho esto, no todos los bloggers tendrán un día específico de la semana en que saldrá el nuevo contenido. Algunos bloggers simplemente pretenden subir dos o tres veces por semana y luego se permiten subir orgánicamente a medida que el contenido se mueve a través de ellos.

En última instancia, depende de usted decidir con qué frecuencia va a subir el contenido a su blog, por lo que debe elegir un horario que le resulte factible. Evite elegir algo que sea demasiado abrumador, ya que no quiere trabajar demasiado en su horario y dejarse llevar por la molestia de no poder cumplir con las exigencias que se ha impuesto a usted mismo. Si no está seguro de cuánto contenido puede crear de manera consistente, considere crear un programa más lento al principio y luego aumentarlo a medida que avance, siempre que sienta que puede manejar razonablemente más exigencias en su horario.

Growth Hack: Creando contenido viral

Escribir entradas de un blog viral no es lo más fácil, pero si puede desarrollar una entrada de blog viral, verá que su página general crece significativamente más rápido. Las entradas de blog virales no están garantizadas, pero hay algunas medidas que puede tomar para aumentar la probabilidad de que su entrada se convierta en viral. En primer lugar, debe tratar de subir contenido a su blog de manera consistente, ya que esto hace que su blog sea más admirable a los ojos del SEO. Cuanto más cargue, más se verán los artículos de su blog y más podrá aumentar las posibilidades de estar expuesto a una oportunidad viral a través de su blog. Debe asegurarse de escribir cada uno de los contenidos con la intención de que sean virales, ya que esto garantiza que cualquier publicación que se publique esté bien escrita, y cuando la gente encuentre su blog, verá que todo su contenido es de igual calidad. Asegúrese de que sus publicaciones también estén a la moda, pero evite que suenen como una copia de lo que ya está ahí fuera. Incluya su voz y enfoque auténticos para que la gente pueda ver que es original y generar sus propias ideas, incluso si está escribiendo acerca de algo sobre lo que ya se ha escrito de alguna manera. También decida qué tipo de atención viral quiere tener, ya que es importante entenderlo antes de empezar a escribir un post con la intención de que se vuelva viral. Algunos posts se vuelven virales porque son impactantes o abrumadores, mientras que otros se vuelven virales porque son interesantes, inspiradores o positivos. Determine qué tipo de atención le resultaría más atractivo y escriba su contenido con la intención de generar ese tipo de atención a través de su contenido, para evitar ser reconocido o conocido por algo que está completamente fuera de la marca. Por último, asegúrese de que comparte todo su contenido en las redes sociales y que anima a las personas que leen su contenido a compartirlo también. Las redes sociales tienen una gran capacidad para difundir el contenido, lo que facilita la propagación del virus si se comparte a menudo en los sitios de intercambio social. No deje de intentarlo con cada mensaje que cree; cuanto más cree y comparta, más probabilidades tendrá de que un mensaje se vuelva viral, de modo que realmente pueda hacer explotar su nombre y aumentar su presencia en Internet. Aunque tarde un poco, ¡no pierda la esperanza! Puede que sea el próximo *"Dinero en efectivo fuera, ¿cómo se inclina?" o "¡Maldita sea, Daniel!"*

Capítulo 8: Publicidad

La publicidad de su marca es imperativa si quiere que su nombre salga a la luz y maximizar su potencial de crecimiento. Lo crean o no, algunos de los métodos de publicidad más antiguos siguen siendo excelentes para desarrollar su marca en los medios sociales. En este capítulo, vamos a explorar tres métodos de publicidad más antiguos que aún se destacan en los medios sociales: competiciones y concursos, códigos de promoción, y los buenos y anticuados embudos de ventas. Si usted está listo para realmente intensificar su juego en línea, el uso de los tres es una gran manera de aumentar sus seguidores, maximizar el compromiso y hacer crecer su negocio rápidamente.

Organizar concursos y competiciones

Una gran estrategia que se desarrolló hace años, antes de que existieran los negocios en línea, fueron los concursos y las competiciones. ¡Estas estrategias animan a la gente a comenzar a involucrarse con su negocio porque les da un incentivo para ganar un premio si lo hacen! En línea, se han desarrollado premios de todo tipo y se han compartido con los miembros de la audiencia a través de varias estrategias de concursos y competencias. Puede hacer cualquier cosa, desde animar a la gente a comentar y compartir sus publicaciones, hasta hacer que suban imágenes con un determinado elemento que pertenece a su marca. Por ejemplo, si es una marca de fotografía, puede hacer que sus seguidores suban su mejor contenido y utilicen un hashtag específico o etiqueten a su empresa en él para participar. Esta es una excelente manera de dar a conocer su nombre y aumentar el reconocimiento de su marca, al tiempo que se desarrolla una excelente relación con sus seguidores.

Uso de códigos de promoción y ofertas especiales

Los códigos de promoción y las ofertas especiales son otra gran manera de añadir una capa de incentivo a su negocio, ya que le permiten empezar a dar a las personas un incentivo para que le compren a usted. Para las personas que nunca han comprado antes, los códigos de promoción u ofertas especiales les permiten sentir que no están gastando tanto dinero en sus productos. Por lo tanto, si por alguna razón no les gustan, no se sentirán tan mal. Por supuesto, ya usted sabe que les encantarán sus productos o servicios, así que cuando se enamoren, usted tendrá un cliente para toda la vida e, idealmente, recuperará el precio de descuento y mucho más. Si tiene personas que han comprado en el pasado pero que no han hecho una compra en un tiempo, los códigos de promoción y las ofertas especiales les proporcionan un incentivo para comprar sus productos de nuevo.

Si usted quiere profundizar en el mundo de los códigos de promoción, también puede empezar a trabajar con influencers en su industria que pueden estar dispuestas a probar sus productos o servicios y compartirlos con su público. Después de que estas personas hayan probado sus productos o servicios, puede darles un código de promoción para que lo compartan con su público, de modo que éste pueda comenzar a comprar sus productos o servicios también. Para que esto funcione, también tendrá que estar dispuesto a ofrecer a sus influencers algún tipo de comisión o incentivo para compartir. De esta manera, también se beneficiarán al compartir su marca con su público, por lo que es una situación en la que todos ganan.

Creando embudos de ventas

Los embudos de ventas son una herramienta poderosa para usar cuando se trata de desarrollar su negocio en línea también. Los embudos de ventas son herramientas que usted utiliza para conducir a su público en torno a su presencia en línea, a menudo para llevarlos a su página de ventas para que puedan comprar sus productos o servicios. Para desarrollar un embudo de ventas, primero debe decidir qué quiere que haga su público, ya que esto le ayudará a determinar a dónde debe enviarlos. Un ejemplo común de un embudo de ventas es el siguiente:

1. Su público empieza por encontrarle y seguirle en las redes sociales.

2. Desde las redes sociales, su público es conducido a su sitio web, donde pueden registrarse para su oferta gratuita y suscribirse a su lista de correo electrónico.

3. Desde su oferta gratuita, son guiados a su oferta de bajo costo, a menudo llamada "trip wire", que los anima a comprar algo barato de usted.

4. Si ellos disfrutan de un producto barato de usted, su público es a menudo animado a comprar algo de un mayor valor suyo.

5. Finalmente, si les gustó esa oferta, pueden comprar su valor final más alto.

Al final del día, su embudo de ventas está destinado a conseguir que la gente pase de ser sus seguidores en las redes a comprar sus mejores ofertas en línea. De esta manera, usted puede monetizar sus seguidores y generar un ingreso consistente en línea, facilitando así que usted comience a aprovechar realmente su mercadeo en los medios sociales para un crecimiento rentable.

Conclusión

Felicitaciones por completar el *Marketing de Redes Sociales: ¡Desbloquee los secretos de la marca personal para hacer crecer su pequeña empresa y convertirse en un influencer usando YouTube, Facebook, Instagram, Blogging para SEO, Twitter y Publicidad!*

Este libro debería haberle ayudado a tener una comprensión positiva de cómo se pueden aprovechar las redes sociales para apoyarle en el crecimiento de su negocio en línea. El crecimiento de su negocio en línea a través de las redes sociales es una poderosa oportunidad para que usted acceda a un mayor segmento de su público objetivo, de modo que pueda realmente escalar su negocio, y rápido. Cuando utiliza su plataforma de medios sociales para hacer crecer su negocio, no solo aumenta su capacidad de crecimiento, sino que también aumenta su capacidad de desarrollar la habilidad de participar en un estilo de vida basado en la libertad. Si lo elige, puede aprovechar su marca personal y sus ingresos en línea para apoyarse en un estilo de vida basado en la libertad, de modo que pueda viajar, tomarse días libres y disfrutar de la vida a su antojo, todo ello sin dejar de obtener unos ingresos constantes.

El siguiente paso después de leer este libro es comenzar a desarrollar su marca en línea. Elija dos o tres plataformas en las que quiera desarrollar, y comience a establecer su marca a través de estas plataformas basándose en los pasos que se le proporcionan en este libro. Cuanto más trabaje en el desarrollo de estas plataformas, más fácil le resultará seguir creciendo su plataforma y desarrollar un mayor público. Recuerde que cada plataforma tendrá su propia curva de aprendizaje, así que, si se encuentra luchando para crear resultados de inmediato, tómese su tiempo y sea consistente mientras revisa regularmente su enfoque. Con el tiempo, descubrirá cómo puede mantener fácilmente sus plataformas en línea sin tener que esforzarse tanto en comprender cómo funcionan y qué tipos de estrategias aumentan su capacidad de ser descubierto.

Por último, si disfrutó de este libro y siente que fue valioso para apoyarle en el crecimiento de su marca en los medios sociales, por favor considere dejar una calificación para este.

¡Gracias, y buena suerte!

Vea más libros escritos por Matt Golden